ISBN 88-06-59405-2

Umberto Saba
Antologia del «Canzoniere»

Introduzione di Carlo Muscetta

Einaudi

Saba triestino d'Europa

Vecchio amico e critico del nostro piú caro poeta, sono gratissimo a chi m'ha invitato per discorrere di lui proprio qui a Trieste, dove lo conobbi alla vigilia della Seconda Guerra Mondiale, durante i Littoriali del 1938. Praticando quella «dissimulazione onesta» che risaliva alla vecchia Italia della controriforma, io vi partecipavo anche per riconoscere e ritrovare, nelle generazioni piú giovani, presenze di affidabile antifascismo. E fu per questo che andai a trovarlo con Giaime Pintor. Eravamo, naturalmente, in orbace (quell'orbace che Tommaso Campanella aveva vituperato come conveniente al suo secolo, «d'ignoranze e paure orrido ed egro»). Ce ne scusammo con Saba, ma egli subito ci mise a nostro agio: «Se avessi la vostra età, anch'io sarei vestito cosí». Non erano solo parole di prudente amabilità. Ci era davvero grato per la visita affatto inattesa. Parlammo di poesia, ma i particolari non li ricordo. Quando ci congedammo, ci raccomandò di scrivergli, e il suo tono era ormai affettuoso. Ma nessuno di noi lo fece. E purtroppo io solo, dopo la Liberazione, ebbi la fortuna di rivedere il poeta, quando «aveva Roma e la felicità».

Sia per la mia attività editoriale Einaudi, sia come vice-direttore dell'«Italia libera», ebbi modo di incontrarlo piú volte. Ma non so perché aveva rimosso il nostro incontro triestino. Lo rivedo col suo rosso maglione, il berretto da ciclista, e il bastone che brandiva come una spada fanciullesca. Avevamo molti amici comuni, innanzi tutto Carlo Levi, del quale avevo pubblicato *Cristo si è fermato a Eboli*, e l'indimenticabile Bruno Pincherle, compagno di giornalismo anche durante il periodo clandestino. Tra l'altro, collaborai anch'io, come Saba, a «la Nuova Europa» di Salvatorelli e Pancrazi.

Ma la nostra amicizia si sarebbe consolidata solo nel suo successivo soggiorno romano, quando era in clinica a disintossicarsi. Linuccia mi telefonava continuamente: «Lei è uno dei pochi che mio padre desidera vedere». Ci andai piú volte, e le nostre interminabili conversazioni furono la premessa di un impegno che non fui capace di assolvere subito: curare un'antologia del *Canzoniere*.

Spero di raccontare altrove qualche «scorciatoia» o qualche «raccontino» che ho vissuto. Qui devo invece spiegare perché avevo paura di scrivere del poeta, e mi guardai bene dal farlo finché visse. Non era stato lui a dire, parlando di Francesco De Sanctis: «Ma perché è morto quest'uomo»? E non c'era già stato chi, non senza un po' d'audacia, aveva posto la sua candidatura alla successione, scrivendo per altro dei saggi notevoli, che coraggiosamente affermavano la grandezza di Saba?

Se devo esser sincero, proprio di questa grandezza non ero del tutto convinto. E non ero certo il solo. Ho dovuto leggere e rileggere il *Canzoniere* decine di volte, come ho fatto solo per Petrarca, Baudelaire, Leopardi, Belli. Poi me ne sono a tal punto persuaso, che per la *Letteratura italiana* di Laterza non avrei affidato il capitolo sulla poesia del Novecento a Franco Fortini, se egli non mi avesse dato garanzie di parlarne come poi ha fatto: innanzi tutto smettendo la convenzione triadica (Ungaretti, Montale, Saba) ripetitiva e sbagliata non meno dell'altra (Carducci, Pascoli, D'Annunzio), e poi liquidando i pregiudizi critici correnti e costanti a deprimere Saba.

Quando (vent'anni fa, ormai!) presentai questa *Antologia del Canzoniere*, integrando la scelta di Saba, posi tuttavia per primo (credo) il problema della sua collocazione storica nella poesia europea dell'Ottocento e del Novecento, le ascendenze piú alte e la contemporaneità concreta di Saba. Contrapporre la sua poetica a quella dei poeti puri o a quella degli ermetici non basta, per trarne conclusioni di giudizi rovesciabili, se si contrappone gusto a gusto e non ci si preoccupa dell'analisi preliminare: indagare a fondo i concreti rapporti con la realtà, con l'universale umano che uno scrittore è riuscito a sentire, vedere, pensare, rappresentare nelle sue opere. Qui sono i criteri per misurare il suo valore, cioè il suo inconfondibile lavoro sulle parole. Certo il lettore non è neppure lui fuori della storia. Se la poesia per lui è stata Ungaretti o Montale, Valéry o Eliot, egli è condizionato nei suoi approcci ad altri poeti (senza contare tutti gli altri elementi della soggettività individuale o di generazione).

Avverso alle avanguardie (dei futuristi Saba non a caso pregiò solo Palazzeschi), avverso alla poesia pura, al surrealismo, all'ermetismo, egli pervenne a scoprire il filo d'oro dei suoi valori scavando a fondo, oltre la crosta del suo terreno, oltre il superficiale romanticismo classicheggiante della cultura periferica veneta. Ma non gli bastò di recuperare nella grazia sintattica della Musa di Parini o delle odi foscoliane le fondamentali suggestioni al movimento lirico che poi fu tutto suo. E cosí pure, nel versante mal definito prosaico, dopo i sonetti dell'adolescenza, oltre il verismo idillico che lo poneva accanto a Salvatore di Giacomo (poeta mai nominato, ma che fu il primo autentico suo contemporaneo), egli approdò prestissimo all'incontro con uno dei suoi maestri e autori, Baudelaire, e in particolare col grande realismo dei *Tableaux parisiens*. L'incontro con il poeta dell'*Âme du vin* e del *Vin des chiffonniers* è riconoscibile in *Alla finestra* (poi *Meditazione*) e in *Dopo una passeggiata* (accolta solo nel *Canzoniere 1921*). Questo incontro, databile tra il 1905 e il 1907, fu non meno importante e decisivo delle letture pisane di Goethe e Heine.

Oggi una vasta e pregevole produzione critica permette di rifare, integrando, e a volte correggendo, la *Storia e cronistoria* sabiana. L'edizione critica del *Canzoniere 1921*, dovuta a Giordano Castellani, è l'inizio esemplare di un lavoro da perseguire. Ma oggi che conosciamo meglio questa travagliata autobiografia epico-lirica *in progress*, non è l'ora di porci la domanda: quali poeti hanno vissuto la prima metà del nostro secondo grande e terribile, vissuto al 95% e non al 5%, come disse di sé Montale?

Intanto, un riferimento limitato agli anni Venti, che furono essenziali per la cultura (e non solo per la cultura) europea. Saba si colloca tra i poeti che nacquero tra gli anni Settanta (Valéry, Rilke, Machado) e quelli nati nell'ultimo ventennio dell'Ottocento (Eliot, Pasternak, Pound, Eluard, Esenin, Lorca). Negli anni Venti il Saba di *Preludi e Fughe* sperimenta strutture liriche di una novità cosí alta, che non ci sorprende se ancora non ne abbiamo tutti acquisito una coscienza adeguata, sulle orme di Montale e Debenedetti. In quest'opera originale anche rispetto al resto della sua produzione troviamo alcuni dei versi piú emblematici del suo messaggio, della sua religiosa, ma laica e aconfessionale concezione del mondo: il pessimismo del vivere, l'ottimismo del poetare, « la vita viva eternamente, il male | che passa, il bene che resta ». Ora, in quanti, fra i poeti del Novecento, la storia ha attraversato cosí profondamente la vita d'un uomo?

Io penso di aver riconosciuto i grandi fratelli di Saba solo tra quelli che hanno avuto la forza di ricercare la lirica nell'epica, le ragioni del soggetto nella necessità del mondo oggettivo, il favoloso nella quotidianità, l'universale nell'individuale, la classicità e la popolarità autentiche in un discorso poetico nuovo.

« Se canta una viva historia | contando su melodia », diceva Machado, che anche nell'arte poetica premessa al *Canzoniere apocrifo di Juan de Mairen* insisteva sul complesso concetto della poesia « come arte del tempo », intendendo il « tempo vitale del poeta con la sua propria vocazione » in tutti gli elementi musicali della forma. Machado amava il popolare e per questo considerava plebeo lo snobismo artificioso del barocco, che rifiutava per la sua « carencia de gracia ». Proprio come poeta della grazia Saba fu invece acutamente privilegiato da Ungaretti. Ed ebbe coscienza di aver costruito con originalità la sua autobiografia poetica, puntando sulla difficile facilità che faccia trasparire la « verità che giace al fondo ».

Si vorrebbe appunto lodarlo con certi versi delle *Onde*, il mirabile poemetto epico-lirico a cui Pasternak affidò le sue speranze supreme alla fine degli anni Venti: « Imparentati a tutti ciò che esiste, convincendosi | e frequentando il futuro nella vita di ogni giorno, | non si può non incorrere alla fine come in un'eresia, | in un'incredibile semplicità... | Piú d'ogni cosa è necessaria agli uomini | ma essi intendono meglio ciò che è complesso ». Pasternak, di là dagli esperimenti d'avanguardia, seppe rifarsi alla piú alta e schietta tradizione poetica russa. Saba si rifece al « pinger cantando » di Petrarca e al « narrar cantando » di Ariosto.

Con i due piú vicini contemporanei del Novecento, Eluard e Esenin, Saba ebbe in comune un fatto essenziale: anche la sua esistenza fu attraversata dalle piú sconvolgenti esperienze del secolo. Ma come Eluard seppe scrivere i versi piú memorabili della Liberazione. E seppe sognare come Esenin la fine del dolore e della guerra per tutto il mondo. Saba considerò tutte le guerre come guerre civili, tra fratelli nemici. E, non meno drammaticamente dei suoi poeti fratelli, guardò da uomo libero ai valori etici del socialismo e insieme alle contraddizioni durissime che implica la sua realizzazione, all'arduo rapporto che gli uomini di cultura devono instaurare, senza compromessi, col potere di una società in rinnovamento. Nella sua opera è tale l'ingenuità, cioè la nobiltà del suo messaggio umanistico, che mi domando se la sua Trieste, ricca di presenze poetiche come fu solo (e diversamente) la Parigi di

Baudelaire, non ci possa prefigurare un sogno: veder restituita questa nostra carissima città a una vitalità nuova, nella grande patria dell'Europa dei popoli, quando le sue nazioni non saranno piú mortificate dalle «interdipendenze» con gli Usa e con l'Urss.

In un mondo che piú che mai «HA BISOGNO D'AMICIZIA», noi utopisti irriducibili vogliamo credere che un grande lirico della «poesia onesta» possa essere anche un profeta, come quello di cui cantò Manzoni: «degli anni ancor non nati | Daniel si ricordò».

CARLO MUSCETTA

Trieste 1983 - Roma 1986.

Introduzione

Come per il *Canzoniere* di Saba, anche per questa antologia una cronistoria potrà essere utile: non foss'altro che per conoscere le vicende di una raccolta desideratissima dallo stesso poeta, e pubblicata postuma solo per viltà di chi avrebbe dovuto scriverne la prefazione, e non ci riuscí. Tale era l'aspettativa del poeta, e tale la sua fiducia, che furono sufficienti motivi per paralizzare la mano del critico.

Sulla fine del 1952 Saba era ritornato a Trieste dopo un lungo soggiorno in una clinica romana: fisicamente e apparentemente guarito, ma piú che mai disperante e inconsolabile. Lo stesso successo del *Canzoniere* e quello (sia pure molto limitato) delle prose piú recenti non era stato pari alla sua infinita brama di popolarità, e però diceva di « giocare » su questa antologia quasi la sua « ultima carta ».

> Mi sono rivolto, prima di qualsiasi altro, a te perché sei una persona infinitamente cara e perché Linuccia mi parlava sempre del tuo desiderio di scrivere, prima o poi, uno studio sulla mía poesia, e, piú di ogni altra cosa, mi avevi detto a Roma delle cose (a proposito di essa poesia) delle cose che mi sembrarono – anzi erano – giuste al cento per cento.

Cosí scriveva al suo purtroppo improbabile prefatore il 15 dicembre dello stesso anno. Ma (con pochissima fiducia di leggere in carta quelle opinioni che non erano improvvisate, né certo suggerite da pure espansioni affettuose) già allo svogliato prefatore aveva scritto cosí il 28 novembre:

> Tutto bene dunque, salvo... la tua bassa pressione, e conseguente « pigrizia » (io ne so qualcosa dato che l'ho piú bassa di te). Adesso si tratta di scrivere una breve prefazione (non – per carità – politica, ma di critica poetica); nella quale – per essere perfetto –, non hai che da mettere in carta le cose che mi dicevi a Roma. Scrivila insomma con semplicità di cuore e con aderenza al *Canzoniere*; e non aver paura di dire che sono stato un

grande poeta. (Lo sono stato – *per mia sventura* – davvero). – Per quanto riguarda la scelta delle poesie quella che ti ho mandato tempo fa mi sembra buona. Bene inteso, puoi togliere od aggiungere, con la sola esclusione di *Avevo* (c'è un motivo, che ti prego di rispettare). Forse puoi aggiungere qualche poesia di *Quasi un racconto*. Non c'è bisogno che tu trascriva le poesie; basta che tu dia in tipografia i titoli, con l'indicazione della data e del gruppo al quale appartengono. Non so perché, Muscetta caro; ma sono quasi pentito di aver affidato a te questo lavoro. Non per mancanza di amicizia (tutt'altro, sei una delle poche persone delle quali desidero la compagnia, o perché pensi che altri avrebbe potuto fare l'Antologia meglio di te), ma per qualcosa di impalpabile: forse perché penso che, se a te piace leggermi, non ti piace altrettanto scrivere di me.

Ma i motivi di esitazione erano tanti e non solo di ordine psicologico, permanente o contingente che fosse. Troppo temevo, oltre tutto, di offendere o di turbare in qualche modo il mio grande, ma « difficile » amico, per i limiti storici che allora avrei forse schematicamente formulati in un giudizio, che con gli anni è maturato invece in piú saldo e piú pieno consenso. E poi, avevo avuto modo di sperimentare quanto fosse agevole sbagliare il tono con un uomo che i suoi mali esasperavano e angosciavano in modo ancor piú crudele nel clima allarmato della guerra fredda. In un articolo ispirato proprio da un suo verso, *Tutto il mondo ha bisogno di amicizia* (pubblicato in « Paese Sera » del 13 dicembre 1952), questo alto e ingenuo appello di pace io avevo contrapposto a quanto allora piú che mai mi pareva minacciasse le ragioni stesse del vivere umano. Fu proprio la risonanza di quel mio articolo a preoccupare Saba, il quale avrebbe preferito essere martire e vittima nella tensione della guerra fredda, piuttosto che essere schierato in campo. Epperò, nella sua lunga lettera, cosí continuava a querelarsi:

Il veleno dell'articolo sta in questo: tu l'hai scritto non per me ma per il Partito. Ora io non sono un uomo politico (lo sono meno, anche assai meno di te, mio povero Muscetta) bensí un poeta. Vale a dire un bambino, un individualista, un anarchico, un selvaggio, qualcosa insomma da essere preso e messo immediatamente (senza, possibilmente, inutili processi) al muro. Questo dal punto di vista del Partito, di tutti i partiti in generale. La funzione « sociale » del poeta sta appunto in questo; il poeta consola, attraverso lo splendore della forma, gli uomini, tutti gli uomini sensibili alla poesia (e sono pochi) di tutto quello a cui hanno dovuto rinunciare per essere degli uo-

mini civili, camminar su due, invece che su quattro gambe ecc.
ecc. Quando nel *Rigoletto* di Verdi il tenore intona «Bella
figlia dell'amore» è l'amore puro (senza legami o impedimenti
sociali) che esce dalla sua bocca. Non per questo, gli ascoltato-
ri diventano, come il Duca di Mantova, «libertini» o peggio;
ma... ritornano consolati dalle loro mogli. Bene inteso, questo
non accadrebbe se la melodia non fosse quello che è, cioè divina. Ma il discorso sarebbe lungo, e lo abbiamo fatto anche a
voce, e tu parevi perfettamente d'accordo con me: ecco perché
chiamo il tuo articolo «una pugnalata alle spalle». Non si dice
nulla di male contro il comunismo, quando si dice che i comunisti non capiscono nulla di poesia, che anzi la odiano (e la
odiano per loro buone ragioni). Che se ne sarebbero fatti i primi cristiani di Catullo o di Teocrito? Nulla evidentemente.
Avrebbero visto nelle loro poesie il diavolo e le sue tentazioni.

Saba mi diceva che avrebbe voluto scrivere un saggio «sui
rapporti fra la poesia e il comunismo», ma esitava («avrei paura di danneggiare chi danneggiare non voglio»).

Quei suoi pensieri erano confidenziali, o magari da pubblicare su una rivista «apolitica». «Ma esiste?», domandava a sé
piú che a me. E infine concludeva l'affannata lettera con un
poscritto che ricopio, perché mi sembra non meno importante delle parole precedenti: un anticipo, tra l'altro, di quell'epi-
stolario di Saba che si aspetta con fondatissima, impaziente
curiosità:

> Ancora una cosa volevo dirti (anzi, dirvi): niente consola piú
> di un *bel* verso pessimista. Specialmente i giovani (sempre che
> abbiano sensibilità alla poesia). Un verso come: «Ed è il pen-
> siero | della morte che, infine, aiuta a vivere», o come: «Abbi
> pazienza. In breve | riposerai anche tu» (Goethe), o «Mai non
> veder la luce | era – credo – il miglior» può addirittura salvare
> dalla disperazione. Sono versi eminentemente *sociali*.

E la cronistoria di questa antologia è presto finita, sol che io
informi il lettore di essermi attenuto fedelmente (come forse
dieci anni fa non avrei fatto) alle indicazioni di Saba, limitan-
domi a qualche integrazione importante e ad alcune indispensabili aggiunte dagli ultimi versi: entrambe risulteranno evi-
dentissime nell'indice, perché contrassegnate con un asteri-
sco. Le ragioni critiche faranno parte del seguito di questa
prefazione, che vuole ambire, dopo la cronistoria, ad abboz-
zare, spero, una storia della poesia di Saba.

Che il poeta stesso questa «storia e cronistoria» l'abbia fatta egregiamente (con vantaggio, talora, su molti suoi critici) in

un libro dal quale ho riportato in appendice le annotazioni essenziali per una lettura piú approfondita delle poesie scelte, non può esimere nessun critico dal suo particolare lavoro. Contrariamente a quello che si crede, le autodefinizioni degli scrittori non possono essere accettate per valide *sic et simpliciter*, come insegnava già il vecchio Labriola quando invitava gli storici a sottoporre ad esame la piú sospetta delle «fonti», quella che si avvolge nel circolo delle illusioni di chi agisce, epperò non può avere coscienza piena di quel che oggettivamente, nel nesso unitario delle contraddizioni e nel complesso intrigo dei fatti, valse e significò il suo operare. Naturalmente, piú limpida, piú ampia è quella coscienza, e piú geniale appare l'opera: ed è appunto, come vedremo, il caso del lavoro poetico di Saba.

Saba nacque nel 1883. Il padre (nato anch'egli a Trieste, trent'anni prima) era di origine veneziana. Ma si chiamava Poli: Ugo Edoardo e, poi, Abramo quando, per sposare Felicita Rachele Coen, pare che si convertisse alla religione ebraica. Al biografo spetterà di accertare questo ed altri particolari sulle vicende di una famiglia famosa soprattutto attraverso i miti onde il poeta amò chiamarsi prima da Montereale e poi Saba. Egli accennò piú volte all'«antica tenzone» razziale come alla causa originaria delle sue sventure. Ma è una tenzone da circoscrivere nell'ambito privatissimo dei rapporti fra i genitori. Non si trattò di un matrimonio felice. Il padre (che era nato da una nobildonna, Teresa Arrivabene) fu certamente un giovane irrequieto ed errabondo («*mais les vrais voyageurs sont ceux-là seuls qui partent | pour partir; cœurs légers, semblables aux ballons*»). La madre, una donna solidamente ancorata a un ambiente di piccoli commercianti, per i quali gli affari e la religione prescrivevano un costume rigoroso, coerentemente conservatore. E i suoi risentimenti anticattolici furono provocati dall'abbandono del marito, non dalla sua religione, e furono rinfocolati allorché il bambino, messo a balia presso una contadina slovena, sembrava dovesse sfuggire al suo affetto, proprio come il padre. In realtà alla «austera» madre, Berto finí per preferire la tenerissima balia, che in lui ritrovava un figlioletto da poco tempo perduto. Conteso fra due madri «e senza il correttivo del padre», di cui sentí acutissima la mancanza: questo il prologo del semplice ma terribile dramma reale, sul quale si sviluppò il dramma poetico di Saba,

Telemaco morbosamente scatenato alla ricerca di un Ulisse
che non ritornava piú dalla sua Penelope. La balia, l'«eterna
Peppa» di cui la povera madre era a buon diritto gelosa, teneva a capo del letto un Gesú Bambino col quale Berto volentieri
si identificava. Ma né la frequenza della Chiesa del Rosario né
quella, successiva, della sinagoga lo trasformarono in ciò che
si chiama «comunemente un credente». Le infantili esperienze fideistiche si risolsero in una religiosità piú vasta, che tuttavia restò il fondo solido della sua personalità, senza ammettere
«confessioni» precise al di fuori della sua stessa poesia, e invano lasciarono in taluno l'illusione di conversioni finali. Saba
amò profondamente Heine; ma l'imitazione non giunse fino a
tal punto, ed anche in questo egli conservò intatta la sua originalità. Il suo Dio fu piú vicino a quello di Spinoza che a quello
di Pascal.

Anticonformista per vocazione e per una coerente educa-
zione intellettuale, restò come si descrisse in una poesia del
primo *Canzoniere* («Il Caffè dei Negozianti»: dove lo condu-
ceva lo zio Edoardo dal fez rosso):

> Avessi volontà e poco ingegno,
> come i miei vecchi, come questi molti
> di breve mira a giustissimo segno;
> questi che qui si adunano la sera,
> e parlano di cose in vista gravi,
> ma tale ognuno quanto teme o spera;
> ma celata è di ognuno in cor la fiera,
> nei figli tanto ai loro padri uguali,
> nei padri in chiusa dignità raccolti.
> Popolo dov'è un re per molti schiavi,
> e astuti greci, che in sembianze ignavi,
> fanno tutto il commercio con l'Oriente.
> Sí, una povera infine industre gente,
> cui la vita è lavoro, ed il bisogno
> della preda ancor sempre unico vero.
> Pur l'amo, che da lei nacque il pensiero,
> l'antica fede cui per gioco agogno [...]

Egli guardava con affettuosa curiosità, eppure con distacco a questo mondo che non era il suo. E non sua madre, ma
un'altra donna, la zia Regina dalla «dolce anima di formica»
gli trasmise, oltre che i capitali di avviamento, qualche virtú
della stirpe, grazie a cui, dopo la prima guerra mondiale, avendo, fin allora, vissuto senza un lavoro preciso, poté aprire una
libreria antiquaria che in certo senso continuava la botteguc-

cia di sua zia in via Riborgo, dove si vendevano e compravano
oggetti vecchi.

> In quel buio, in quel chiuso, dall'aurora
> sedevi fino a tarda sera;
> per me tristo, per me non nato ancora.
> Di Slavonia il coscritto e di Dalmazia
> dí per dí la mia vita hanno pagata.
> Or se ti guardo un rimorso mi strazia,
> per quanta pace, nascendo, ho turbata.

Sarebbero dunque passati molti anni prima che Saba si ri-
conciliasse con l'avita attività. Praticante in una ditta dopo
avere interrotto gli studi (ginnasio, e poi scuola di commercio), egli aveva fatto le esperienze decisive della sua vita senti-
mentale e ideale, di cui il poemetto *L'Uomo* è la sublimazione
eroica e lirica e l'inedito *Ernesto* (1953) il racconto realistico di
suprema sincerità dove dipinse « con tranquilla innocenza » di
vecchio bambino « il mondo meraviglioso » dell'adolescenza.

> Una prigione gli s'aperse oscura;
> ché tale il luogo l'accolse nel quale
> fu messo, dove per la prima volta
> a cura
> si stette assidua, in potere di gente
> estranea. L'ore del lavoro lente
> gli giravano addosso, riviveva
> il disgusto per esse della pena
> amara,
> per colpa onde pentirsi non voleva,
> diletta e cara.

> Lo feriva talvolta come un dardo
> al cuore.
> Era una gioia improvvisa l'amore
> per il compagno che gli era d'appresso;
> sí che levava sorridendo ad esso
> lo sguardo.

L'avversione di Saba al mondo borghese non può meravi-
gliarci. Il socialismo che alla fine del secolo ebbe un impulso
decisivo dai moti del '98, lo ebbe seguace non meno e non piú
ingenuo di tanti altri. Lo zio garibaldino era stato in gioventú
una specie di segretario di Guerrazzi, ma di rosso ormai aveva
solo il fez del mercante: e, divenuto, come tanti altri, un feroce
conservatore, proprio reprimendo o deridendo la fede del ni-

pote, l'aizzava e la rafforzava. Mancava solo questo perché il mondo popolare agli occhi appassionati dell'adolescente si configurasse come un mondo proibito. La stessa poesia era considerata un pericolo nell'ambiente in cui Saba viveva. Fin da ragazzo aveva scoperto la grandezza di Leopardi, ma la madre, per correttivo, avrebbe voluto insinuargli la preferenza per Parini. Oscuramente paventava il fascino di quella poesia «troppo pessimistica». Ma il destino di Saba era segnato. E presto alla madre avrebbe sostituito la Poesia. Per contraddirla e farle dispetto, le diceva che un giorno sarebbe stato celebre e grande, molto piú del celebre *haham*, il poeta e orientalista Samuel Davide Luzzatto, zio della madre e illustrazione della famiglia. Questi propositi le sembravano addirittura blasfemi, ed essa ne svenne dal dolore, come la madre di Breus a sentire che il figlio l'avrebbe abbandonata per farsi cavaliere. Ma il piccolo Berto non sarebbe divenuto un luminare del giudaismo, e avrebbe superato il prozio, se non come poeta ebraico (il giudizio spetta solo ai competenti delle due lingue), certamente come poeta italiano.

In quale direzione s'incamminasse agli inizi del secolo il ventenne Saba, può dircelo la saffica non rimata *Il borgo*, pubblicata nel «Lavoratore» di Trieste del 15 aprile 1905, e poi inclusa nel primo *Canzoniere*, con dei ritocchi solo a tratti felici e sicuri, ma non tali da risolvere le incertezze di un verseggiare ancora molto sprovveduto. Un verseggiare carducciano (è stato affermato). Io direi solo per un errore di prosodia («mentre sul colle fulminea slanciasi | la vaporiera»). Le reminiscenze di gusto neoclassico e foscoliano galleggiano qua e là nello stile dimesso, che nei suoi languori umanitari era assai piú pascoliano che «barbaro»:

Ne le incerte giornate di mia vita
molto amo vederti, o roseo borgo:
borgo cui dissi la speranza prima
    d'adolescente.
Una valle deserta eri... Non molti
anni passaro sopra i casolari
ch'oggi cadono, e tu vai d'opifici
    lieto, e di scuole.
Verso l'azzurro del tuo cielo, in cui
cosí tenui veleggiano le nubi,
mandan – fari terrestri – ignee scintille
    i fumaioli,
mentre sul colle fulminea slanciasi

la vaporiera, cui l'allegro sciame
dei fanciulli saluta, ed il tramonto
   soave indora.
A che nel suol, sacro a le industrie, squilli
o fanfara, dal vecchio ermo castello,
cui presso il bronzo chiama al medievale
   rito i fedeli?
Morrà con essi al Dio di nostra madre
l'ultimo Ave; le turrite mura
i ribelli una fresca alba di maggio
   abbatteranno.
E ancor le file dei lavoratori
taglia la bella biga gentilizia:
ultimo fasto – forse – d'una grande
   stirpe d'eroi.
D'una stirpe che è già de la storia,
che fu un tempo inchinata, e incontro al Fato
oggi piú nulla resta che morire
   superbamente.

Questo socialista che non riesce a dimenticare la moderata
lezione del suo Parini, davanti a un mondo morituro e destinato a soccombere sotto l'avanzata della civiltà industriale, fini-
sce per incantarsi. Ed è preso da un brivido che anche l'arte
possa morire nel mondo nuovo. In verità, piú delle cose, che
ancora stenta a rappresentare, ci interessa il suo patetico inter-
rogativo di fronte al destino della poesia: una perplessità che
nella storia del movimento operaio un giorno avrebbe raggiunto fasi drammatiche, tali da generare conflitti di coscienza
fra una religione dell'arte, superalimentata dall'estetismo decadente, e la religione del socialismo, irrigidita in dogmi dalle
strutture clericali del medioevo staliniano:

Tacerà la poesia grande, o piú grande
risorgerà con le risorte plebi?

Nel sincero e mai piú tardi smentito populismo di Saba c'e-
ra un fondo erotico (andare verso la vita) piú ricco indubbia-
mente delle generiche istanze sociali. Ma queste erano procla-
mate con una sincerità che mancava ai Wilde e ai D'Annunzio; anche se il giovane ci metteva forse la stessa volontà di
scandalo con cui sfoggiava elegantissimi palamidoni azzurri
dai risvolti di seta. Prima che si forbisse di questi costumi este-
tizzanti passarono alcuni anni, a datare dalla deludente visita
in Versilia (1906) al Maestro per antonomasia, al «bianco im-
macolato signore», al quale sacrificò (per propiziarsene un

soccorso editoriale, che poi non venne mai) il biondo pizzo che per amore e imitazione di lui gli ornava il mento. Questo delizioso ricordo autobiografico non ci darebbe intera la misura del dandysmo sabiano, senza una testimonianza (1928) di Silvio Benco, in cui si capisce benissimo come il giovane poeta non riuscisse affatto ad *épater* i seri e operosi borghesi della sua ironica città.

> Vent'anni fa, o giú di lí, s'aggirava per le vie di Trieste, con un passo molleggiante da bighellone che poi la vita gli ha fatto perdere, un giovane che s'era raffazzonato una figura alquanto bizzarra: pizzo biondo alla d'annunziana e precocissima calvizie, curvo il largo torace come per abitudine di parlare a compagni di statura piú bassa, una loquela pastosa, nasale, patinata a Firenze, in cui si strofinavano gentilezze serafiche e sincerità severe, sboccatezze da becero e affettuosità venete, indignazioni nevrasteniche e morbidezze canonicali: le mani calzate di guanti bianchi di lana che davano negli occhi mezz'ora lontano, e un nome letterario di similoro che non ingannava sul suo buon mercato, Umberto da Montereale. Questa era la larva di Umberto Saba prima che lo rifacesse la vita: e Trieste, da lui amata svisceratamente, gli aveva tosto e con naturalezza dedicato un'antipatia, un'incredulità, una canzonatura da borgo natio, che soltanto la fama e certi mormorii lusinghieri nella conchiglia del mondo sono riusciti ad attenuare con gli anni.

Benco fu tra i primi e piú intelligenti amatori dell'arte di Saba, che presentò con una prefazione alle *Poesie* (1911) dove la simpatia e il riserbo critico erano in perfetto equilibrio. E già qui aveva segnato il «perfezionamento a ritroso» di Saba, la sua liberazione dal dannunzianesimo, e non solo nel costume pratico, ma (dove importava di piú) nella sua poesia. Sostanzialmente estraneo al Carducci, con soggezioni al Pascoli di cui volle diminuire la portata, Saba non ha mai taciuto la sua predilezione per la poesia di D'Annunzio, altrettanto intensa quanto l'odio per la sua letteratura e per la sua oratoria. Al D'Annunzio del *Poema paradisiaco* la riconoscenza di Saba (trascorso il momento polemico e violento del distacco) si è manifestata poi con sincerità calorosa. Nelle *Scorciatoie* disse di stimarlo «dei tre, il piú poeta». E, credo, non solo per le affinità di certi temi (il dialogo con la madre e con la nutrice: che poi divennero i temi, piú suoi, naturalmente, originalissimi), ma per quel tono di sensualità stanca, di musicale indugio, di insistenza nelle riprese, onde i crepuscolari si misero prima di Saba alla sua scuola, molto spesso, però, aggiungendo letteratura a letteratura e mal dissimulandola in ironia pro-

sastica. Il Saba adolescente, il Saba giovane ha una storia molto piú complessa di quanto non lasci indovinare la prima se-
zione del suo *Canzoniere*. Qui piú che mai è la conoscenza del
tutto che può creare intorno alle pochissime poesie trascelte e
artificiosamente isolate una ricchezza folta di promesse, anzi
(quel che è piú singolare) una poetica già spiccata, pur nella
sua fase germinale.

L'anacreontica *In riva al mare*, rifatta da adulto per ricupe-
rare un esercizio quasi scolastico a cui il poeta era sentimentalmente attaccatissimo, e *Ammonizione* sono vere e proprie re-
liquie preistoriche. Ma entrambe, col sonetto *A Glauco* (ritoc-
cato con grande finezza, a cominciare dal nome alcionio: «O
Glauco m'odi. Prendimi teco») sono il primo balenare di
quella grazia erotica che accompagnerà tutto il cammino dello
scrittore, specie nei momenti sereni e idillici dei suoi amori
che qui si annunziano molto candidamente. Se si prova a dare
un'occhiata a quel che Saba stampò di questo periodo iniziale
in *Poesie* (1911) e nel primo *Canzoniere* (1921) si ritrovano già
i paesaggi dove si proietteranno i suoi sentimenti. «C'è l'allegrezza, ma su disperato sfondo», dice il primo di questi canti
a metro libero, *Intorno ad una cappella chiusa* (solo in parte riportato nelle raccolte successive). Qui, in un'aurora che è presagio di sera, in quella piena della vita che tutto trascorre e
sommerge, si annuncia l'altra voce di Saba, quel «basso profondo», di cui taluno ha discorso:

> Cosí sempre al suo ieri
> spera l'uomo migliore il suo domani:
> ben che una voce gli dica: Domani
> si soffrirà come soffrimmo ieri.

Un senso di remota preesistenza delle cose, l'incanto di una
felicità perduta («pensavo il bello che senza il peccato originale avrei trovato al mondo») si esprime nella lirica *La sera*, la
piú compiuta di questo periodo, il primo accenno a quel religioso vagheggiamento del primitivo, in cui trasecolava il giovane, mentre gli molceva l'orecchio il sensuale biblismo hugo-
dannunziano del *Booz addormentato*. Ed è significativo come
riscrivesse di pianta *Il borgo*, eliminandone ogni accenno sociale e trasferendosi un attimo nel futuro per contemplare «di
sé pensoso, del tempo che passa» il suo presente. Il poeta lo
vedeva già come una storia mortale in cui sperava un'aurora di
«lieta possibilità», desideroso che intorno a lui la vita si irrag-
giasse luminosamente:

Volgo gli occhi alle cose, ed esse i raggi
     sono ed io il centro.

I versi riportati nel *Canzoniere*, *Alla casa della nutrice* e il *Sonetto di primavera* costituiscono le prime note di quell'avventuroso «poema paradisiaco» tutto suo al quale Saba pensò la vita intera, e che realizzò per accumulazione, trasfondendo nei versi la sua ricca e complessa esperienza umana. Eccolo qui il nostro «incurabile», cui i «venti crepuscolari» portano inquietudini profonde (che erano ignote a D'Annunzio, rapito sempre fuor di se stesso dalla sua musica e dalle sue immagini). Quel suo amore tenerissimo del presente (che Gozzano conobbe assai di rado) lo avrebbe fatto divergere, e molto lontano, dalla scuola accidiosa del poeta di *Signorina Felicita*.

Da ultimo, in alcune canzoncine e canzonette, c'erano le testimonianze di un amore per il *Buch der Lieder* che sempre meglio, con gli anni, si sarebbe definito come libera imitazione, sebbene lí ancora si appoggiasse a mediazioni letterarie. (Le canzonette dalmate ricalcavano l'impressionismo dei bozzetti veneziani di Nievo).

Dormiveglia è una prima riviviscenza originale di Heine. Come questa, anche altre poesie giovanili fanno parte di quelle «voci dai luoghi e dalle cose» che nel primo *Canzoniere* Saba volle riunire in gruppo, per indicare il suo decisivo, consapevole orientarsi ad un possesso del mondo oggettivo, cosí come aveva cominciato a fare (sia pure elegiacamente) nel *Borgo* e nella *Cappella*. Ed è significativo che invece del rifacimento del *Borgo* (in sostanza un'altra poesia), Saba, in omaggio alla sua morale estetica della poesia onesta, riportò solo con qualche ritocco il testo pubblicato nel «Lavoratore». Altrettanto significativo è che dalla *Cappella* rielaborasse proprio quei versi programmatici che ho citati. In luogo delle intenzioni, Saba avvrebbe dato direttamente i risultati di questo suo poetare idillico, dove il processo figurativo sembra come emergere direttamente dagli oggetti, e la poesia è la scoperta, l'ascolto della propria voce solitaria in mezzo alle voci dei luoghi e delle cose e delle persone:

Cappella, se commosso
del mio canto per te sciolgo l'assolo
è perché ben ricordo che in un rosso
vespero il muricciolo
là scavalcavo, tra le croci e le erbe
scorto avendo quei piccoli compagni

in non piccolo stuolo.
E questo ancor: giungendo dalla via,
or meno or piú, di ruote, di mestieri
un'eco, un'armonia
nell'aria intorno a me cerula e tersa,
la mia fronte una spersa
rondine quasi radendo in suo volo,
mi pareva ad un tratto d'esser solo
fra i compagni, un'oscura
forza in cor presentiva,
romper sentiva in me della ventura
opera il germe.

Questi versi scomparvero dalla redazione definitiva della *Cappella*, ma essi devono essere ricordati come il documento di un omaggio al Leopardi piú alto (il cui testamento il retore Cardarelli non riuscí mai ad ereditare). Era il Leopardi che aveva scoperto «l'amante compagnia» dei soli esseri che sentiva fraterni e pari a sé, la tessitrice, gli agricoltori, il carrettiere. E mi pareva che fosse da notare questo, che poi sarà un consenso ritornante di Saba nei momenti decisivi della sua poesia: il consenso col ritmo vitale e piú ampio della storia che seppellisce il vecchio, anche se il crollo degli infantili miti religiosi non ci riparerà da sofferenze sia pure di nuovo tipo.

Ma tre poesie, sopra tutte, in questo periodo indicano che Saba è al termine della sua adolescenza e alle soglie della sua piena giovinezza poetica. Due, *A mamma* e *Fantasie di una notte di luna* (intitolata poi *Meditazione*), sono gremite e intorbidate da una urgenza di memorie e di immagini e di pensieri. Giustamente considerata da Saba «imperfettissima» nella forma (e non solo perché, come lui dice, non c'è la piena sincerità di chi si confessi) *A mamma* offre un alto interesse per la crisi decisiva nella sua religiosità (*Poesie*, p. 66).

E tu pur, mamma, la domenicale
passeggiata riguardi, da l'aperta
finestra, ne la tua casa deserta
di me, deserta de l'unico bene.
Guardi le donne, i marinai; né scordi,
mamma, quel bene; non i tuoi timori
scordi, se gli ebbri o i lavoratori
guardi, che i rudi e lordi
panni, per me superbamente belli,
oggi a gara lasciati ànno per quelli
de la festa, dai gran colori falsi.
Ma tu, mamma, non sai che sono falsi.

Tu non vedi la luce che io vedo.
Altra fede ti regge, che non credo

piú, che sí cara nella püerizia
m'era, quando il tuo Dio
vagheggiavo, supino a mezzo il prato [...]

Il sentimento religioso che la mamma esprimeva pregando
è altra cosa per il figlio: per lui è l'adorazione della vita che ha
solo in se stessa e non fuori di sé il suo mistero e il suo fascino:

Canterellando scendono i sentieri
del colle i cittadini.
Torna dolce a ciascuno la sua casa.
Ed il mistero onde la vita è invasa,
tu con preghiere esprimi.

Mamma il tempo che fugge
porta il rimpianto di quello che fu.
La vita intanto il nostro sangue sugge,
non so se dolorosa o bella piú.

Sono i versi finali (bruttissimi e pure significativi) a farci
comprendere come, malgrado le apparenze, nulla di pascoli-
no vi fosse nel « mistero » adorato da Saba. Ora, le suggestioni
di Pascoli nelle poesie del primo periodo fiorentino (1905-
907) sono assai frequenti. E tuttavia, proprio scorciando le
Fantasie di una notte di luna, proprio potandole di troppo evi-
denti efflorescenze pascoliane, Saba aveva circoscritto la sua
vocazione piú vera. Nella redazione pubblicata in *Poesie* (pp.
57-58) un lungo brano delle fantasie si chiamava (con un titolo
che ricorda un celebre poemetto in prosa di Baudelaire) *A la
finestra*. Nel *Canzoniere* (Torino 1948) s'intitola *Meditazione* e
ha una chiusa diversa, che ancora risente dell'impressionismo
di Pascoli (« Suonò | il tocco. Un gallo | cantò; altri risposero
qua e là »). Leggiamoci dunque la redazione del 1911 perché
documenta come Saba talvolta ritrovasse ingenuamente le soluzioni migliori, e le smarrisse poi nell'imitazione letteraria:

A la finestra

Sfuma il turchino in un azzurro tutto
stelle. Io seggo a la finestra, e guardo:
guardo e ascolto però che in questo è tutta
la mia forza: guardare ed ascoltare.

Guardo dentro un'enorme
casa, che tutte aperte à le finestre.
Di quella vita, de le usate forme

di vita che colà scorgo, si pasce
il mio pensiero, e d'una verità
dolce a ridirsi, d'una che darà
gioia a chi intende, gioia da ogni cosa.
Poco invero tu stimi, uomo, le cose.
Il tuo lume, il tuo letto, la tua casa,
sembrano poco a te, sembrano cose
da nulla, poi che tu nascevi, e già
c'era il fuoco, la coltrice, la cuna
per dormire, per addormirti il canto.
Ma che strazio sofferto fu, e per quanto
tempo da gli avi tuoi, prima che una
sorgesse – fra le belve – una capanna;
che il suono divenisse ninna-nanna
per il bimbo, parola pel compagno.
Che millenni di strazi, uomo, per una
de le piccole cose che tu afferri,
usi, e non guardi, e il cuore non ti trema,
non ti trema la mano;
ti sembrerebbe vano
ripensare che è poco
quanto nel mondezzaio oggi si scaglia,
ma che gemma non c'è che per te valga,
quanto valso sarebbe un dí quel poco.
Penso: e l'aria serena
mi porta il suon de le parole, il pianto
dei fanciulli, l'odore de la cena.

Ma nel populismo di Saba era fondamentale non già la volontà di soffrire negli altri per redimersi dall'*ennui* (come spesso in Baudelaire), ma quella partecipe felicità che ai tetri *chiffonniers* parigini toccava solo nell'ubriachezza, quando essi

apportent la gloire au peuple ivre d'amour.

I versi d'amore di Saba (divenuti con un bel taglio, nel primo *Canzoniere, Dopo una passeggiata*) cantano con la lieta forza infantile «del bimbo che non può non possedere | quanto gli piace»: cantano l'epos che solleva la vita cittadina per un'allegria senza perché, in una marcia senza meta, con un eroismo senza conquiste: pacifica vittoria del ragazzo che non è morto in noi e che solo è sopraffatto dalla travagliosa vita o distratto dalle sue brame istintive:

così quando improvvisa in polverose
strade la soldatesca forza erompe,
con musiche per dare a sanguinose
schiere gli incitamenti delle trombe,

s'affollano gli usci, un poco a passo
di marcia va ai suoi traffichi la gente:
cosí andando il piú vile ed il piú lasso
tosto un eroe si sente.

Ai contemporanei piacque (di questo periodo), come c'informa il poeta, la lirica intitolata *Il sogno di un coscritto* (nelle *Poesie*: *L'intermezzo de l'osteria*; nel primo *Canzoniere*: *L'osteria fuori porta*). Ma solo il titolo variò: era una lirica nata di getto e quasi imperfettibile, tutta sua, dell'uomo che si smarrisce trasognato nella vita e si scopre «triste no, non allegro» in mezzo ai suoi «nuovi compagni» e, trovatore di sé e di tutti, ricupera quella libertà senza divieti che la poesia assicura solo a chi sa farsi «come gli altri» (questo importante, significativo ritocco è nella redazione del primo *Canzoniere*). Il lettore potrà leggere la lirica nella presente scelta che è stata serbata dal poeta a conclusione di una intensa esperienza e a ricordo d'un successo, del giusto riconoscimento che egli era riuscito a conquistarsi.

Il primo soggiorno a Firenze dovette avere un'importanza decisiva per la sua formazione. In quel clima cosí intenso e cosí ricco d'interessi, l'arretrato, il periferico Saba fu immesso nel circolo attivo e sanguigno di una cultura meno provinciale. Ma si trattò, con le persone, molto spesso piú di scontri che d'incontri (*Autobiografia*, sonetto 10):

A Giovanni Papini, alla famiglia
che fu poi della «Voce», io appena o mai
non piacqui. Ero fra lor di un'altra spece.

Il suo Nietzsche gliene avrebbe potuto benissimo chiarire i motivi: «a colui che si sente predestinato alla contemplazione anziché alla fede, tutti i credenti appaiono troppo chiassosi e importuni».
Altri cenni significativi si leggono nella citata *Autobiografia* (sonetto 9):

Vidi altri luoghi, ebbi novelli amici,
strane cose da strani libri appresi.

Fu, innanzi tutto, la scoperta del decadentismo europeo. Ed avvenne attraverso la negazione proprio di quanto gli altri avevano assunto a modello. Saba ha detto che il suo Nietzsche non fu quello di D'Annunzio. Avrebbe potuto aggiungere lo stesso anche per il suo Baudelaire, dal quale ammise di aver contratto «alcuni prestiti» pur senza avere con lui «nessuna affinità profonda».

Di Baudelaire rifiutò il satanismo e il culto delle due «aimables sœurs», «la débauche et la mort», rifiutò quella ricerca del nuovo per superare in estasi voluttuose l'orrore della vita da cui era morbosamente ripreso (onde i rigurgiti di misticismo mal compensati da esasperate soluzioni barocche nella forma); rifiutò il gusto alienante del paradiso artificiale e l'assurdo abominio della natura. Ascoltò la lezione piú vera e piú alta, sia quella che si volse alla conquista dei supremi valori musicali del discorso lirico, sia quella realistica, dove trionfò il suo genio quando seppe convertire in oro il fango di Parigi e cantare l'epos tragico della città moderna, i crepuscoli dei suoi mattini laboriosi e delle sue lunghe sere di voluttà e di dolore.

Quanto a Nietzsche, nulla di piú repugnante dovette riuscire a Saba come il suo superuomo, il sua Zarathustra, il retore dell'aggressione e della violenza, il teorico della guerra perpetua e dell'eterna disuguaglianza, che avrebbe inorpellato gli ideali di aristocrazia barbarica della borghesia imperialista. Da quel coacervo di contraddizioni che fu l'opera del filosofo tedesco, solo le istanze anticristiane del naturalismo ebbero su Saba una presa decisiva. Il suo spirito profondamente religioso (di umana, terrestre religiosità) accolse solo ciò che potesse corroborare il fiuto e il rifiuto della putrefazione, l'amore pieno e totale della vita, la «saggezza tragica» di compensare il «male che passa» in «bene che resta», senza ricorrere a mediazioni confessionali o metafisiche. Nietzsche compí per Saba quella «scuola di risanamento» dal decadentismo europeo misticheggiante, senza tuttavia trascinarlo in nessun'orgia nibelungica. Saba amò in lui lo scrittore che esaltava il Vecchio Testamento contro il sapore «dolciastro» del Nuovo, «lo stile grandioso della sua morale e la terribilità e la maestà dei suoi postulati immensi», dove vedeva «un caleidoscopio di seduzioni alla vita, che irradia dei suoi ultimi bagliori il cielo, – il tramonto, forse, della nostra civiltà europea»: il Nietzsche che invitava a guardare «all'eterno testo fondamentale *homo-natura*» con gli occhi imperterriti da Edipo e «con le orecchie turate d'Ulisse, sordo alle lusinghe di tutti gli uccellatori metafisici, che non cessano dal cantargli: "tu sei di piú! tu sei piú alto! tu sei d'altra origine!"» Ovviamente, proprio rifiutando il nostro uccellatore da Valhalla, non avrebbe mai come lui disprezzato il *progressus in simile* della democrazia e del socialismo. Saba non poteva non respingere la teoria superborghese della doppia moralità, quella «vera» e «pura» riservata ai padroni e quella falsa e impura degli schiavi, del cosiddetto «gregge». Perciò consentí col Nietzsche che esaltava Heine fino e accanto a Goethe; che invocava la sana meridionale musica di Bizet contro il rincristianimento del Parsifal. Se ci rileggiamo in *Storia e cronistoria del «Canzoniere»* tutta la polemica di Saba contro il frammentismo e il formalismo, e se badiamo alla sua poetica in atto, nel concepire e nel realizzare una rappresentazione epico-lirica del mondo, ritroviamo in lui il piú coerente superatore di certi aspetti del decadentismo letterario dall'interno stesso delle sue antinomie. Insomma quella classicità che Baudelaire vagheggiò nella famosa prosa critica *L'école payenne*, quella poesia che Nietzsche sognò e parve profetizzare in questa sua figura singolarmente anticipatrice di Saba:

> Il mio ideale sarebbe una musica, il cui maggiore fascino consistesse nell'ignoranza del bene e del male, una musica, resa tremola tutt'al piú da qualche nostalgia di marinaio, da qualche ombra dorata, da qualche tenera rimembranza; un'arte che assorbisse in se stessa, da una grande distanza, tutti i colori d'un mondo morale che tramonta, d'un mondo divenuto quasi incomprensibile e la quale fosse ospitale e profonda abbastanza per accogliere in sé i tardi fuggiaschi.

Assimulandosi solo quei nutrimenti che gli erano congeniali Saba portava a consapevolezza quell'esperienza di vita e d'arte che aveva già fatto con estrema intensità fin dall'adolescenza e che era a base della sua serietà di scrittore, dove l'uomo era sempre piú ricco del letterato e il poeta potenzialmente sempre piú dotato dell'artista. «Il n'est pas donné à chacun de prendre un bain de multitude», diceva Baudelaire, svolgendo e interpretando quell'ideale artistico dell'«homme des foules» e del pittore della vita moderna che gli avevano suggerito Poe e Constantin Guys. Saba fece questo bagno durante la sua vita militare a Salerno nel 1908, presso il XII Reggimento di Fanteria.

Nella prosa *Il sogno di un coscritto* (pubblicata in *Epigrafe*, Milano 1959) egli raccontò come, andando al cinema con i suoi compagni d'arme e non ancora in uniforme, nell'atto di pagare il biglietto da borghese, si sentí dalle parole di un contadino friulano assunto in una «comunità d'uomini» che lo avrebbero difeso, cosí come avrebbe fatto lui per loro: «Non

è – (disse alla cassiera) – ancora vestito, ma *è uno come noi*».
Fu uno «degli attimi folgoranti della *sua* difficile vita». Saba
ne parlava dopo tanti anni, ma il religioso fervore della rievo-
cazione suggellava l'importanza dei *Versi militari*, nati sulla
soglia di quel cinematografo che stava «in vetta a un'erta fati-
cosa» e che gli ricordava la sua Trieste lontana, i luoghi mitici
della sua infanzia, la fonte della sua poesia. Essere un soldato
del normale servizio di leva, e non un volontario, un soldato
d'eccezione; partecipare delle loro pene e tentare di consolar-
li, educandoli al distacco fantastico della vita, per sopportarne
i dolori; essere come uno dei suoi compagni nell'unico modo
che gli era possibile, cioè attraverso la poesia: fu questo amore
che lo portò a conquistare un'oggettività corale al suo canto.

La figura materna che gli balenava odiosa davanti al bersaglio, o il rifugio in un mondo prenatale sono la materia di due
sonetti che indicano i momenti piú drammatici di questa intensa esperienza alla ricerca di una innocente, primitiva ani-
malità di sguardo: la sua massima ambizione di scrittore: uno
stato di grazia che ha del naturalismo religioso, la riconquista
di quella «candeur de l'antique animal» che Baudelaire tanto
pregiava nelle donne, quel «sensualismo eternamente popolare» che l'antispinoziano e antirousseauiano Nietzsche alta-
mente spregiava, salvo poi a delirare per *Carmen* e per il *Buch
der Lieder*.

Si rileggano i sonetti *Ordine sparso* (che cito dalla redazione
di *Poesie*, pp. 88-89):

1.

E vedono il terreno oggi i miei occhi
come artista non mai, credo, lo scorse.
Cosí le bestie lo vedono, forse.

2.

Le bestie per cui esso è casa, è letto,
è talamo, è podere, è mensa, è tutto:
vi godono la vita, ogni suo frutto,
vi dànno e vi ricevono la morte.

Ma l'importanza dei *Versi militari* non consiste solo in queste parole illuminanti per la poetica di Saba, o in altri sonetti,
certo piú belli. Essi componevano per la prima volta un'intera
esperienza in un libro che era nato organicamente unitario. E
proprio questo divenne una caratteristica essenziale della concezione e della forma epico-lirica di Saba. In proposito, per
studiare la genesi e determinare la qualità della sua poesia mi

sembrano assai importanti quelle raccomandazioni che egli
mi rivolgeva nella lettera citata all'inizio di questo saggio: serbare cioè per ogni lirica della nostra antologia il riferimento
alle particolari raccolte da cui essa è tratta. Si può dire infatti
che Saba divenne Saba quando non compose piú liriche isolate, ma diede invece corso in ognuna delle sue stagioni poetiche a gruppi di versi che ciclicamente esaurivano l'ufficio di
necessità vitale che egli attribuiva alla espressione liberatrice
da ogni sua ritornante infelicità. Saba considerava suo titolo di
nobiltà quello di non aver mai o quasi mai scritto « per il solo
desiderio di scrivere », ma piuttosto per « trovare, poetando,
un sollievo alla sua pena » o, « piú tardi », per cantare « una
specie di gratitudine alla vita ». Ogni volta il suo « cuor morituro » approdava cosí dalla malinconia alla beatitudine conse-
gnando ai lettori un messaggio supremo, che potesse valere
anche quale amoroso commiato dalla vita:

> l'eterno addio alle cose di cui temo
> perdere solo un'ora.

Cosí in *Via della Pietà*, una delle liriche di *Trieste e una donna*, che giustamente Saba invocava a testimonianza dell'an-
timpressionismo ed antiframmentismo del suo concepire e del
suo poetare. Quel che Saba considerava come sua genuina
classicità (« vocazione profonda, prenatale ») era questa sua
obbedienza a uno spontaneo metodo costruttivo, attraverso il
quale ritrovava la « naturale » serenità di un'ordine estetico, la
compiutezza e totalità di un cosmo (cfr. *Storia e cronistoria*,
pp. 57-58):

> A un certo punto, per quel suo persistere a scavare nel pro-
> fondo, a non mollare un sentimento anche (specialmente se)
> doloroso, prima di averlo esaurito (superato) nel canto; ad ag-
> giungere – come un muratore che fa la sua casa – pietra su pie-
> tra (magari con l'intima ferma persuasione che ogni poesia do-
> vesse essere l'ultima di una serie, se non addirittura della sua
> vita) egli si trovò poi – questa come altre volte; ma nessuna
> come questa – ad avere nelle mani il libro bell'e fatto. E il libro,
> nato dalla vita, dal « romanzo » della vita era esso stesso, ap-
> prossimativamente, un piccolo romanzo. Bastava lasciare alle
> poesie il loro ordine cronologico; non disturbare, con impor-
> tune trasposizioni, lo spontaneo fluire e trasfigurarsi in poesia
> della vita. Per altri, forse, sarebbe stata una debolezza. Per
> Saba fu una forza.

Ciò non vale solo per la raccolta che poi s'intitolò *Trieste e
una donna*, ma in qualche modo per tutti i libri di Saba e risul-

ta con la massima evidenza nel primo *Canzoniere*, pubblicato nel 1921, presso la sua Libreria antica e moderna in via San Nicolò 30. Questo titolo poté far pensare a quello vulgato delle *Rime*, un titolo tradizionale, dunque, un omaggio a quelle ascendenze classiche italiane, al «filo d'oro» che Saba nella prefazione dell'opera si gloriava di aver ritrovato, ammettendo volentieri nelle sue poesie derivazioni petrarchesche e leopardiane. Ma in realtà la struttura della raccolta di Saba si richiamava al *Canzoniere* di Heine, che il poeta piú tardi riconobbe tra i suoi maestri europei, con la stima superlativa che ne aveva fatto Nietzsche. E piú precisamente fu la versione di Bernardino Zendrini, cha Saba conobbe (ne possedeva un'edizione popolare, che ho tra mano: Sesto San Giovanni, Mondello 1911). Nell'ambiente romantico ed attardato della sua Trieste, fu decisiva direi proprio questa lezione di Heine, che del resto nella seconda metà dell'Ottocento aveva girato a lungo nel Veneto e operò molte suggestioni, a cominciare dal Nievo e dal Betteloni, sollecitandoli a quel verseggiare discorsivo, predominante fra gli scapigliati, del quale non sempre il Carducci ebbe buon gioco a negare la «popolarità» rinfacciando a taluno il garbo alquanto «borghese» del parlato realistico. Ciò valeva per Betteloni, un po' meno per gli altri, meno che mai valse per Saba che, comunque, ebbe torto a vergognarsi di avere in comune con Heine questi parenti poveri, che parenti erano sempre (si pensi soprattutto alla metrica), senza dubbio. E non per questo il confronto deve diventare «affronto» (come lui ombrosamente diceva).

Il *Canzoniere* Heine-Zendrini, ordinato dal traduttore secondo scelte organiche dai vari libri del poeta tedesco, ma secondo le successioni di serie cicliche e cronologiche, con prologhi ed epiloghi, fu il vero modello del *Canzoniere* sabiano. E l'affinità è ribadita anche da certe affermazioni di Heine, quando diceva di avere escluso dal *Romanzero* certe liriche, in omaggio alla «unità psichica» che ne costituiva il colorito. Fu un criterio al quale anche Saba talora fece ricorso, derogando, quando fu necessario, alla sua regola. Ma, oltre tutto, direi che, al centro della sua stessa poetica, Saba aveva assunto per sé proprio la malinconia del demiurgo di Heine, che diceva di esser guarito solo dopo aver creato il mondo (*Canzoniere, Intorno alla creazione*, 7):

Ma perché, in fin dei conti, ho fatto il mondo?
Volentier lo confesso: io mi sentia
la vocazion, nell'animo profondo,

arder come una febbre, una mania.
Sola cagione, a parlar chiaro e tondo,
che mi mosse a crear, fu malattia;
sol col crear potevo risanare,
e infatti risanai sol col creare.

Le affinità con Heine, su cui bisognerebbe discutere piú a lungo (precisando i limiti romantici, ma anche le opposte qualità del grande poeta satirico), sono un'indicazione importante della direzione di sviluppo che caratterizzò la personalità di Saba fin dagli esordi («un lungo navigar controcorrente | ch'altro fu la mia vita?») E ciò sin da quando (1911) aveva mandato alla «Voce» uno scritto che non fu pubblicato, per opposizione (sembra) di Scipio Slataper, quel Sigfrido espressionista che era anche lui di «un'altra spece».

Quello che resta da fare ai poeti (cosí s'intitolava lo scritto) era svelato sin dal primo rigo, come in un compito di un ragazzo impulsivo, incontenibilmente sincero: «Ai poeti resta da fare la poesia onesta». In pieno trionfo dannunziano, e in mezzo al chiasso dei futuristi, Saba dichiarava guerra, con formale dichiarazione (come si usava a quei tempi di perfetta correttezza diplomatica) contro «i magnifici versi per la più parte caduchi» del secondo libro delle *Laudi* e della *Nave*. Saba stava per i versi mediocri ed immortali del Manzoni, per l'«onestà» contro la «disonestà» nella letteratura come nella vita. Al D'Annunzio che «si ubriaca per aumentarsi» preferiva «il piú astemio e il piú sobrio dei poeti italiani». Essere onesti per Saba significava esser fedeli alla verità interiore: «la via eterna dell'arte» gli appariva cosí come «la piú ardita e la piú nuova». Una poesia dove fossero impresse «le inconscie reminiscenze» poteva approdare all'originalità purché «il bisogno di riconoscersi» fosse soddisfatto senza violare le leggi dell'onestà letteraria

che è prima un non sforzare mai, poi non tentare, per meschini motivi di ambizione o di successo, di farla parere piú vasta e trascendente di quanto per avventura essa sia: è reazione, durante il lavoro, alla pigrizia intellettuale che impedisce allo scandaglio di toccare il fondo; reazione alla dolcezza di lasciarsi prender la mano dal ritmo, dalla rima, da quello che volgarmente si chiama la vena. Benché esser originali e ritrovar se stessi siano termini equivalenti, chi non riconosce in pratica che il primo è l'effetto e il secondo la causa, e parte non dal bisogno di riconoscersi ma da uno sfrenato desiderio dell'originalità, per cui non sa rassegnarsi, quando occorre, a dire anche

quello che gli altri ànno detto; non ritroverà mai la sua vera natura, non dirà mai alcun che di inaspettato. Bisogna – non mi
si prenda alla lettera – essere originali nostro malgrado. Ed infatti quali artisti lo sono meno che quelli in cui è visibile lo sfor-
zo per diventarlo?

A prova di questo, Saba confessava una sua esperienza,
dove si poteva misurare in concreto che cosa intendesse per
onestà e per disonestà. Le varianti e il commento di pochi versi sono essenziali per comprendere tutto Saba. Aveva scritto:

> Credevo sia un gioco sognare;
> ma il sogno è un temibile Iddio;
> è il solo che sa smascherare
> l'animo mio.

Insoddisfatto, corresse peggiorando:

> Credevo sia un gioco sognare;
> ma un giudice è il sogno...

Finalmente ritrovò la pura fonte del suo pensiero e del suo
sentimento, e l'espressione adeguata:

> Credevo sia dolce sognare;
> ma il sogno è uno specchio, che intero
> mi rende, che sa smascherare
> l'intimo vero.

Il sollievo fisico trovato dal poeta (« Respirai. Fu come se un
bruscolo mi fosse uscito dall'occhio, o un nervetto slogato fosse ritornato al suo posto ») non meno che il contenuto ideale
dei versi dicono come la sua « religione dell'arte » coincidesse
con una religione della vita istintiva, con la scoperta drammatica dell'« intimo vero » che non può essere mistificato senza
sofferenza, e la cui espressione risulta in definitiva una purifi-
cazione estetica e morale insieme. Ben altra cosa dal « santo
vero » di Manzoni, il vero di Saba era vicino a quello d'un me-
dico viennese che presto sarebbe divenuto famoso. Era un
Freud, quasi certamente *ante litteram*, sperimentato nella pratica creativa di uno scrittore che ebbe come ideale supremo la
« chiarezza psicologica » prima ancora di quella del suo « mezzo espressivo » che di per sé non « lo preoccupò mai soverchia-
mente » (come Saba disse celiando sul piú infelice dei suoi critici, il Gargiulo) e non lo distrasse nel formalismo del frammento e della poesia pura. Non per nulla il titolo che avrebbe
voluto dare al suo *Canzoniere* fu originariamente *Chiarezza*.
Piú tardi, da vecchio, esprimendo tutto il suo disprezzo per

i falsi geni che riescono solo a svolazzare fra le cose, Saba mi-
rabilmente compendiò il suo pensiero in una *Scorciatoia* (IV,
115):

> CHI HA – dove? come? quando? perché? – perduto il con-
> tatto con la propria vita istintiva; chi non è capace di veder
> chiaro in se stesso – dico chiaro fino al piú profondo delle sue
> viscere – per poi magari, risalito in superficie, ridere di quello
> che ha veduto, e «passar oltre»: egli [...] non può né cammina-
> re, né saltare, né correre.

Non per nulla Saba aveva fatto proprio uno dei piú solari afo-
rismi di Nietzsche che lo rivelarono a se stesso: «Siámo profondi,
ridiventiamo chiari».

Erano le premesse per quella «totale accettazione della vita»
che fu l'orgoglio di Saba. Ciò comportava innanzi tutto una riven-
dicazione surromantica del «brutto», come elemento essenziale
della verità estetica. La «maniera forte» che Saba vantava di essersi conquistata nei *Versi militari*, e che nasceva da una carica
polemica violentissima contro l'indigestione di bellezza provoca-
ta e dal dannunzianesimo e da certo spiritualismo:

> ... Ora i soldati serve
> sono e spazzini; in me la poesia
> venne, che ramazzavo qui le merde.

La polemica era ugualmente intensa nei confronti di certo
«realismo» nomenclatore, alquanto prezioso e alessandrino,
del Pascoli. Nelle raccolte di *Casa e campagna* e *Trieste e una
donna*, le poesie composte dopo il matrimonio con Lina e
pubblicate col titolo di possessiva individualità raggiunta, *Coi
miei occhi: il mio secondo libro di versi* (Firenze 1912), Saba era
ormai approdato ai suoi versi originalissimi, ma quanto «inat-
tuali», «intempestivi», dove, nonostante il linguaggio talora
spiritualistico di certi colloqui con «l'anima», l'evidenza pla-
stica delle immagini era pari alla limpidezza dei sentimenti.
Poteva dire con tranquilla sicurezza:

> Triste ma soleggiato è il mio cammino:
> e tutto in esso – fino l'ombra – è in luce.

Il secondo libro di Saba non ci colpisce solo per questa sua
capacità di vedere le cose o, come lui diceva, di «specchiarsi»
in esse, che era la formula del suo realismo lirico, di ritrovare
cioè nelle cose piú comuni e insignificanti una presenza divina
che lo rapiva in adorante contemplazione:

non vede quello che vedono tutti
e quello che nessuno vede adora.

Gli occhi gai e innamorati di Saba se hanno nel fondo
un'ombra « che di sé tutta la vita colora » (*La malinconia amorosa*) proprio perché sono «non mai sazi di luce» (*Il fanciullo*), hanno quel «tutto e solo tendere alla preda» che è la loro
forza di possesso poetico. «L'enfance retrouvée à volonté,
l'enfance douée maintenant, pour s'exprimer, d'organes virils»: ecco la genialità creativa secondo una famosa pagina di
Baudelaire, nella piú volte citata prosa *La peintre de la vie moderne*. Tale è il Saba del *Fanciullo e il bersagliere* (cfr. *Coi miei
occhi*, p. 35):

Or cosa non daremmo, uomini, noi,
per poter spalancare nel profondo
tale un occhio e vedere;
perché come al fanciullo il bersagliere,
ne apparisse, sí a un tratto, il nostro mondo?
Con quel lume infantile in un piú esperto
sguardo, che sa ove giova essere aperto,
che non faremmo con una sí nuova
forza in sí antiche mani, uomini, noi!

Il fanciullo di Saba, benché in questi versi ancora programmatico, non era il sempre infantile e arcadico fanciullino pascoliano. È un fanciullo che convive con un corpo e una coscienza di adulto. Questa fu per Saba una verità vissuta, il
nodo drammatico nel quale egli seppe di poter ritrovare il segreto dell'arte:

PER FARE, come per comprendere l'arte, una cosa è, prima
di ogni altra, necessaria: avere conservata in noi la nostra infanzia; che tutto il processo della vita tende, d'altra parte a distruggere. Il poeta è un bambino che si meraviglia delle cose
che accadono a lui stesso, diventato adulto. *Ma fino a che punto
adulto?*

E il segreto dell'arte e il segreto della vita si identificano:

NON ESISTE un mistero della vita, o del mondo, o dell'Universo. Tutti noi, in quanto nati dalla vita, facenti parte della
vita, sappiamo tutto, come anche l'animale e la pianta. Ma lo
sappiamo in profondità. Le difficoltà incominciano quando si
tratta di portare il nostro sapere organico alla coscienza. Ogni
passo, anche piccolo, in questa direzione è di un valore infinito. Ma quante forze – in noi, fuori di noi – sorgono, si coalizzano per impedire, ritardare, quel piccolo passo!

Anche queste sono *Scorciatoie* (I, 14 e 20) della vecchiaia: ma i primi passi Saba li compí decisamente nelle poesie di *Trieste e una donna*, quando rappresentò il suo stesso ideale in una delle sue liriche piú popolari, *Il poeta*:

Sovra ogni aspetto lo rallegra questo
d'avverse luci, le belle giornate,
movimentate,
come la folla in una lunga istoria,
dove azzurro e tempesta poco dura,
e si alternano messi di sventura
e di vittoria.

È una «figura» simbolica, giovanilmente disinvolta, che celebra la capacità del «parfait flâneur» la cui passione e professione (diceva Baudelaire, prendendo a pretesto l'arte di Guys) «c'est d'*épouser la foule*», eleggendo domicilio «dans le nombre, dans l'ondoyant, dans le mouvement, dans le fugitif e l'infini»; la capacità di sentirsi a casa propria stando fra la gente, beati a contemplare nel suo flusso «le fleuve de la vitalité si majestueux et si brillant». E Saba riuscí a realizzarla, senza tuttavia considerarsi «un *prince* qui jouit partout de son incognito». Il poeta ha le sue giornate contate come tutti gli uomini, ma la differenza è nel sentirne piú intensamente la felicità («ma quanto, quanto beate»). Un «privilegio», se si vuole (e Saba lo ammetteva da vecchio in polemica con le invadenze egalitarie di certi compagni), ma nella capacità di soffrire piú degli altri (cfr. *Canzoniere*, Torino 1948, p. 593):

Anche talvolta un dio mi chiama, e vuole
ch'io l'ascolti. Ai pensieri
che mi nascono allora, al cuor che batte
dentro, all'intensità del mio dolore,
ogni uguaglianza fra gli uomini spengo.
Ho questo privilegio. E lo mantengo.

È questo privilegio che può fare del poeta l'interprete di una realtà comune perché la vita solitaria e la vita collettiva possono diventare momenti reversibili.

L'estasi è questa. È lo stato
di grazia.
Scende nel cuore cui strazia
l'angoscia, e beato
lo fa dei piú cari pensieri,

cantava nell'*Intermezzo della prigione* (*Poesie*, p. 100) ed è significativo che nel primo *Canzoniere* i primi due versi divenissero da asseverativi, dubitativi, col punto d'interrogazione.

La grazia per Saba fu un ideale etico ed estetico insieme, un ideale umanissimo di amore, che si trema di felicità a raggiungere. La folla gli rinnovava i beati pensieri della solitudine che egli non sapeva «come altrimenti chiamare se non di religiosa adesione» a tutto ciò che gli portava un flusso di vita istintiva ed immediata (*Storia e cronistoria*, p. 65).

Ecco un motivo unitario, costante, che trascorre in profondità e sempre riemerge in tutto il *Canzoniere* e che Saba espresse in varie, originalissime forme le quali hanno del ditirambo e del salmo, dell'epos idilliaco e dell'inno, molto spesso sotteso dalla tragicità di un coro antico.

L'altezza, l'intensità, la vastità di questo senso religioso della vita era cosa tutt'altro che frequente nella nostra storia letteraria.

Non ho bisogno di citare *Il borgo*, perché notissimo e citatissimo nella redazione definitiva, celebrante il desiderio dolce e vano del poeta, raggiunto e insieme sempre irraggiungibile, d'immettere la sua dentro la calda vita di tutti, d'essere come tutti gli uomini di tutti i giorni. Preferisco citare i versi di una poesia meno nota, *Il canto dell'amore*, per cui Saba stesso confessò (*Storia e cronistoria*, p. 168) il suo debito di una immagine al poeta dei *Tableaux parisiens* e dello *Spleen de Paris*:

> Se questa folla qui domenicale
> mi fosse estranea, mi fosse remota,
> un cimbalo sarei che senza grazia
> risuona, un'eco vana che si perde.

La grazia è quel che il poeta ha più temuto che mai potesse arridergli:

> Non trova il primo mio vagito alcuna
> grazia, un sorriso della madre mia...

Imparò a scoprirla in se stesso, scrivendo amorosamente a un suo amico lontano, o recitando versi che gli facevano obliare i fischi dei compagni (cfr. *Autobiografia*, sonetto 4). E fu una vittoria lenta e difficile su quello sgomento di «infantile goffaggine» che pareva dovesse impacciarlo per sempre e che mal definita la sua prosaicità. Ma eccolo che mentre sembra esitare nel silenzio, nell'immobilità che lo avvince alla terra, eccolo che si libra nell'incanto meraviglioso della vita e del mondo e si conquista parole e moto, qualcosa che fu assolutamente suo, quella «grazia inconfondibile» che gli riconobbe

da poeta a poeta uno scrittore lontanissimo da lui, l'ultimo
erede della tradizione petrarchesca, Giuseppe Ungaretti.

Basterebbe pensare alla «figura» madre di tutte le altre,
dove il soggettivo e l'oggettivo si identificano con assoluta fu-
sione lirica. E voglio citarne la redazione originale (*Coi miei
occhi*, p. 13) perché il lettore confrontandola con quella definitiva che è nella nostra antologia (p. 29) si renda conto del valore d'un movimento lirico cosí difficoltosamente divenuto
perfetto:

> La città dove vivo à una selvaggia
> grazia, che adulta serba il bello e il rozzo
> d'un ragazzaccio con le mani troppo
> grandi per dare un fiore.

Questa grazia di Trieste, attenuata in «scontrosa» nell'ultima redazione, tanto piú ci affascinerà in quanto il poeta la
metterà in dubbio («se piace»). Essa fu come l'imprevedibile
e cangiante specchio dove il poeta ritrovò le sue immagini e vi
rimase preso. Quanti adolescenti poetici Saba seppe ritrovare
nella pienezza della «grazia generante». Ma tutte le fanciulle
e i ragazzi che colmano di vitalità il suo *Canzoniere* e lo ornano
«come un fiume d'amore», son cavati da una materia che egli
sentiva comune e consanguinea: «il popolo in cui muoio,
onde son nato». Una indimenticabile popolana è Lina, la cucitrice dal rosso scialle che divenne sua moglie. E Saba, che
pur «ogni altro conobbe umano amore», scrisse per lei i versi
che la fanno vivere come una delle creature poeticamente piú
ricche e complesse non soltanto della nostra, ma di ogni letteratura:

> O regina, o signora,
> la cui grazia fu ognora e piú sarà
> diversa...

In questa che è la piú compiuta delle sue «figure», Saba
proiettò e ritrovò la sua religione della vita istintiva, ma le origini della sua mobilissima e drammatica vitalità sono nelle inquietudini del poeta che di continuo tentavane il «dono della
santità» ch'era in lei. Mai come in questa esperienza si direbbe
che Saba abbia attuato il misterioso imperativo di Nietzsche:
«aiutiamo Dio con tutti i nostri demoni».

La verità di questa passione tutt'altro che idilliaca, se ispira
l'ora biblica e adorante del cantico, può accendere anche l'o-
dio cupo di pensieri delittuosi, la tentazione di «strapparla da
sé»: una situazione di beata infelicità non propriamente pre-

vista dall'*Ecclesiastico*, di avere una moglie meravigliosamen-
te femminile e terribilmente « austera ». Consapevole di vivere
e di cantare « quel perfetto amore | per cui molto si soffre »,
Saba non poteva non raggiungere molto presto la « serena disperazione ». Cosí intitolò i versi scritti alla vigilia della guerra
(1912-14), e nulla poteva meglio definire la poesia di quel
« mondo meraviglioso » che stava per scomparire e che non sarebbe ritornato alla fantasia del poeta, se non nello struggi-
mento nostalgico di un'infanzia, di un'adolescenza, di una giovinezza perduta per sempre. Benché fosse conscio, col suo *Patriarca* « che la vita è il peccato originale » e ripetesse l'antico,
grave detto di Giobbe « felice il non nato », ripullulava in lui

> l'errante nostalgia d'amore
> antica quanto l'uomo e forse piú,
> di cui non v'ha piú dolce crepacuore.

E gli suggeriva con infocata sensualità le immagini di un'Italia,
che anche quando plaudiva nella bolognese piazza Aldovran-
di ai « bersaglieri con le trombe d'oro », sembrava che lo facesse per festa di giovinezza. Quel suo « sciocchissimo fanciullo »,
Guido, che da poco era venuto a Bologna per lavorare in officina, non sapeva né di Tripoli, né di Trieste e pensava solo a
Casalecchio dov'era il suo zio bifolco. Il plebeo Caffè Tergeste
dal poeta lontano dalla sua città era sognato come un luogo
dove era bello potersi incontrare senza inimicizie:

> e tu concili l'italo e lo slavo,
> a tarda notte, lungo il tuo bigliardo.

Piú tesa era in una vaga e oscura angoscia l'anima del poeta,
e piú vibrava di suoni limpidi e gai alle immagini fragorose che
una piazza concertava intorno a lui con un accompagnamento
di banda popolaresca, piú che militare. Si pensi al *Garzone con
la carriola* inebriato del suo lavoro come d'un giuoco. Si pensi
a *Lungo il Reno*, un vero capolavoro che il poeta, forse per una
pruderie che oggi farebbe sorridere i lettori di Pasolini, ha voluto dimenticare nel primo *Canzoniere*, e che mi sembra uno
fra i momenti piú felici della sua grazia, nella classicità di un
realismo davvero « intempestivo » per la sua audacia. E non si
scomodi l'amabile ombra del delizioso, ma letterario Severino
Ferrari. Qui il canto popolare e quello del poeta sono fusi in
una perfetta unità di stile.

> Vo lungo il Reno nella sera estiva.
> Ecco i fanciulli che nuotano: a riva

mi fugge innanzi, va come saetta
il muratore sulla bicicletta

« Sabbato sera, fatiche non sento;
non son, come al lavoro, pigro e lento »;

Questo mi par che trasvolando dica:
« Io corro al fiasco, e il compagno alla f... »

Il Reno in fondo ha l'azzurro del mare;
dove battono i panni lavandare,

nudo come la sua mamma l'ha fatto,
siede tra i molti un garzoncello; a un tratto

discopre quel che ha un po' con mano ascoso,
e ride, e dice: « Stasera mi sposo ».

L'uragano della guerra mondiale di lí a poco avrebbe so-
praffatto Saba e si può dire quasi soffocato nel silenzio, cosí
scarsi e deboli furono i suoi versi durante la guerra. Alla guerra il poeta aveva in animo di accorrere (come tanti suoi cari
amici interventisti) con l'animo disposto al sacrificio: come il
suo Elia (cantato dal suo Barni), volontario piú della propria
morte che di quella del nemico:

Decembre 1914

« Io ti saluto, amica; e dal mio cuore,
che non chiede il ritorno,
tutto affluisce il nostro vecchio amore,
come nel primo giorno.

Io ti saluto: contro l'Austria in guerra
già nei giochi ho marciato.
Resta giovane sempre sulla terra
chi può morir soldato ».

Ma per fortuna le cose andarono diversamente da come annunciava questo bellissimo contrasto col quale si chiude *La serena disperazione*.

La sua Lina e quanti lo amavano riuscirono a strappare da
sicura morte un uomo che non avrebbe mai imparato ad ucci-
dere (e quale fosse il suo orrore della guerra, lo disse con alta
umanità nei versi *Alla stazione*). La nostra letteratura ebbe
cosí un poeta che, dopo aver già conquistato Trieste nei suoi
versi (« per sempre a Italia la sposai col canto »), avrebbe attin-
to, con gli anni, quella sua compiuta grandezza che oggi gli dà
gloria, ne siamo sempre piú sicuri, tra i maggiori scrittori europei del nostro tempo.

Saba sopravvisse alla strage collaudando le strutture di legno degli aerei e «agitando il fazzoletto» con quelli che restavano a terra, colpevoli di esser venuti in un mondo sconvolto dallo sciovinismo imperialista. Continuava, un po' stancamente, a vagheggiare gli idilli popolari del «mondo maraviglioso» di cui, nonostante la divisa, cóntinuavano ad essere pacifici eroi il suo Nino e il suo Zaccaria. Ma le «cose leggere e vaganti» che andò scrivendo poi erano troppo tenui, anche se talora deliziose favolette, e *lieder* un po' fiochi.

Nei versi *In riva al mare* le onde lasciavano sulla spiaggia, levigati dal tempo, i simbolici cocci di qualcosa che s'era rotto senza rimedio. Un ottimo epilogo «naturale», di cui Saba si valse per chiudere il suo primo *Canzoniere*, con una malinconia che non era individuale ma storica, non riguardava lui solo e le sue vicende. Si era chiusa un'epoca. Un'altra epoca si apriva non del tutto remota dalla sostanza umana dei suoi libri, ma lontano, in un paese dove i fratelli di Guido, di Nino e di Zaccaria avevano fatto la Rivoluzione di Ottobre e l'immensa forza della loro bontà s'era fatta collera di giustizia.

Tutto il mondo entrò in una crisi profonda le cui ondate giungevano stanche nel porto di Trieste, costretto ormai dalla vittoria ad una lunga convalescenza.

Era la sera dell'Europa borghese,

quella che a noi fanciulli s'annunciava
per gli estremi bagliori in lei fulgenti,

come avrebbe poi cantato Saba nella sua *Autobiografia* (questo piccolo capolavoro, dove narrò se stesso con ingenuo narcisismo rousseauiano, alleviato da non so quale ariostesco abbandono, che si portava via amabilmente anche certi residui, piú foscoliani, del resto, che dannunziani, del suo ulissismo).

Il poeta era ritornato nella sua città, per aprirvi (come sappiamo) un piccolo negozio. Ma si era proprio concluso il suo poema?

Una strana bottega di antiquario
s'apre a Trieste in una via secreta...

Ecco un verso che promette altre avventure per la vita di un poeta di lungo corso qual era Saba. Il suo cuore era un porto molto piú vario e piú movimentato della sua Trieste, il cui molo non era (come quello di Brema per Heine) un'occasione di affettuosi abbracciamenti col prossimo, temperati di ironia, non era un simbolo di ultimi viaggi oltremondo (come per

Baudelaire) per fuggire la noia, ma un luogo mitico dove se si ha l'energia dei geni, fino all'ultimo si può sempre tornare e sempre ripartire, nell'amoroso-doloroso viaggio della vita.

L'indugio critico sul primo *Canzoniere* è giustificato dal fatto che lí Saba è presente nella ricchezza della « grazia generante » dei suoi vitali motivi, e si colloca nella situazione storica già definita alla prospettiva odierna come un poeta di primo piano, tra i due maestri del Novecento, D'Annunzio e Pascoli. (Carducci non appartiene alla triade, che è costruzione di manuali scolastici: è l'epigono dell'altro secolo). Ma ciò che precisa la fisionomia di Saba come un grande maestro, la cui modernità dura oltre i limiti che contrassegnano le poetiche dannunziane e pascoliane, sono gli altri due libri del *Canzoniere*, cioè le ultime due parti dell'edizione Einaudi 1948. È insomma il Saba europeo, il contemporaneo ideale di Machado e, per certi aspetti, di Pasternak.

Rimandando ad altra occasione l'ampia analisi e i confronti che sarebbero indispensabili per un compiuto studio critico, seguirò ora, per brevità, una via diversa, puntando più decisamente sul sussidio delle liriche riportate nell'antologia, fiducioso che da esse il lettore vorrà poi riconquistarsi per suo conto il poema sabiano nella sua integrità. Lettura indispensabile, data la struttura epico-lirica del *Canzoniere*.

Quando il nostro poeta di lungo corso riprese il mare nell'altro dopoguerra, le aure del classicismo spiravano sovrane. Mentre il secolo che s'era chiuso parve essere ingombrato dagli esperimenti delle avanguardie letterarie (da cui solo uno scrittore di rilievo sarebbe emerso, Palazzeschi), l'altro secolo che si apriva con la romana « Ronda » conteneva un chiaro programma di restaurazione, tra conservatrice e reazionaria. Saba, salutato classico dal piú valido consenso critico che avesse mai ricevuto, quello di Pancrazi, ritornava anche lui al Settecento della sua infanzia, coi settenari delle canzonette. Non navigava piú contro corrente? I suoi versi erano solo la consolazione anacreontica agli amori declinanti di Chiaretta?

Innanzi tutto direi che, entrato nell'atmosfera luminosa della maturità, e navigando nelle acque della sua terza, lunghissima stagione poetica, egli acquistava consapevolezza piena del suo ideale di grazia, che una volta poteva anche essersi illuso di conseguire di colpo e senza tema di smarrirlo, senza provare sgomento alle dissonanze onde i versi gli sarebbero

apparsi, con un senso critico piú rigoroso, « come avversi | nemici in campo».

Questo nuovo Saba che esercita il suo estro armonico alle prove piú alte e piú complesse di un difficile lavoro, ci dà nelle *Quattro stagioni* e nel *Poeta* i primi accenni di quelle azzurre voci gnomiche onde si squarceranno poi i neri tempestosi delle *Fughe*. D'ora innanzi Saba, accanto alla sua consueta via di rappresentazione, ricca di determinazioni realistiche, ne tenterà un'altra, tesa a definizioni riflessive, come per astrarre e proiettare piú lontano da sé l'essenza ideale della sua esperienza. Cosí, accanto alla serie dei sonetti dell'*Autobiografia*, questo «bagno di narcisismo» cosí gremito di cose, abbiamo i sonetti dei *Prigioni* (1924), e, ambizioso tentativo di esprimere una sorta di giudizio universale sulla propria vita, *L'Uomo* (1928), quasi a comporre in un monumento le «membra di gigante sommesso» nel quale aveva eroicizzato il suo corpo. Il michelangiolismo di questi versi traviava il gusto di Saba ad una plasticità verbale, a sbocchi oratori estranei sostanzialmente al suo gusto. Si pensa (*horribile dictu*), anche se si tratti di un moraleggiare di qualità diversissima, alla eredità piagnona trasmessa da Tommaseo a Papini, cui non per nulla piacquero taluni dei versi di questi anni in cui Saba quasi rischiò il naufragio. Ma, buon nuotatore, seppe salvarsi a tempo, e «la vita oscura e dolorosa» delle profondità gli impose nuove risorse.

In *Cuor morituro* (1925-30) la poetica della grazia è approfondita alle sue radici vitali. Si veda non solo il già citato *Canto dell'amore*, ma anche quella *Preghiera per una fanciulla povera* che, senza essere affatto un capolavoro (siamo d'accordo con Saba), è «indicabile» come esempio da scegliere fra le sue cose minori, perché anche in esse si può ritrovare confermato il suo piú autentico «procedimento» espressivo. E Saba nel difenderla da critici che o l'avvilirono o l'esaltarono dimostrò una precisa, misurata coscienza del suo poetare.

> Erna, strana fanciulla, oscura come
> la grazia...,

vive per un atto di amore, un bacio a un giovane operaio disoccupato perché tubercolotico, senza altra speranza che di sollevare da sé il peso della sua esistenza con la morte. La passione che lei finge è un atto di raro amore, per cui il poeta, consentendo al suo gesto sublime che la espone al contagio, prega Dio che l'accolga nel suo paradiso. Saba afferma che «contro tutti i canoni della modernità», volle «inserire il canto in un racconto» e la figura, tutta affidata al suo moto di tenerezza, si realizza nel canto che «serpeggia» (commenta Saba) intorno a lei. Testo e commento non ci potrebbero in modo piú dimostrativo chiarire come, nonostante la situazione da romanzo d'appendice e la melodrammatica invocazione conclusiva, nasca una lirica di stile inconfondibilmente sabiano. Il canto percorre la linea della grazia che, secondo il famoso, oracolare precetto di Michelangelo (da cui fu ispirato il noto trattatello di Hogarth), s'avvolge in ascesa, a guisa della spirale di un serpente. Ora, come spiritosamente osservava il grande incisore inglese, «le linee serpeggianti sono tante volte la cagione della Deformità, quante della Grazia». La forma di Saba non sfugge a questi pericoli. E del resto questa linea di movimento lirico ha in se stessa quelle alternanti oscillazioni fra l'alto e il basso che sono proprie della spirale. Nell'ambito dell'una o dell'altra lirica, e in tutto il *Canzoniere*, la poesia, mentre sembra che irrimediabilmente decada al prosaico o regredisca nella ripetizione di vecchi motivi, si rileva e sale. La grazia non ha riposo idilliaco della bellezza, che ignora superbamente il brutto o lo tiene remoto da sé. La grazia è sempre sollecitata da un movimento interno di umiltà, sempre sottesa da passaggi drammatici. A languori di morte si alternano guizzi vitali, imprevedibili, o magari prevedibili come riscatto della stessa caduta. Son movimenti liberi che per i poeti veri non si possono mai ricondurre a modelli letterari, né agli schemi volitivi della maniera. Saba non procede come il D'Annunzio della *Consolazione*,

> con una grazia
> che sia vaga e negletta alquanto.

Non è civetteria di negligenza, ma è proprio naturale sobrietà di mezzi espressivi che caratterizza la sua poesia onesta. Sono gli stessi difetti di Saba che lo «conducono per mano» a conquistarsi la sua libertà poetica, proprio come lui narra (in un bellissimo «raccontino») del poeta Sergio Solmi, che si trovò fuori dal carcere nazista solo per la sua mancanza di orientamento. Spessissimo la musa di Saba esita e stenta a sciogliersi dagli impacci prosaici, seguendo un cammino incerto, e talora con svogliato passo, come la Chiaretta dell'*Amorosa spina*:

> in certi ancora sgraziati panni
> ti si vedeva per via, dalla mamma
> per il pane mandata ed il carbone.

Inserire il canto in un racconto equivaleva a ricercare la lirica nell'epica, le ragioni del soggetto nella necessità del mondo
oggettivo. Non era una ricerca di difficoltà stilistiche da vincere, di singolarità formali da conseguire. Era altra cosa dal vir-
tuosismo del «danzare in ceppi», quella ricerca di «nuove co-
strizioni» che (come affermava il suo Nietzsche) stimolano e
suggellano il raggiungimento della perfezione formale, inse-
gnando a incedere con grazia «anche negli angusti ponticelli
che travalicano vertiginosi abissi» e a riportare a casa come
unica preda «la piú alta flessuosità dei movimenti». E vedremo subito perché sarebbe errata, se si prescindesse dalla reale
situazione storica, una lettura puramente formalistica di questo nuovo Saba già preannunciato da alcune liriche di *Cuor
morituro*, dove si possono leggere proprio i preludi al grande
libro delle *Fughe* (1928-29). Qui l'antico e il nuovo Saba alter-
nerà le sue voci anelanti a congiungersi in una, nell'inno di riconoscenza alla vita che trionfa sulle avversità: la vita

> che invano
> non si vive, in cui tutto
> non torna, e tutto
> si dà la mano.

Senza dubbio questa grazia di Saba maturo ha modi cautis-
simi e sapientemente calcolati. Egli ritornava alla lezione di
Parini e di Foscolo che non per nulla gli avevano insegnato i
segreti stilistici piú rari, affinché la figura e il sentimento ritro-
vino il loro ritmo unitario. La reversibilità del movimento in
immagine è garantita in Saba dal puro giro sintattico, onde il
suo verso ama avvolgere l'oggetto disegnandolo nelle sue forme. Anche il brutto, anche il prosaico, ogni elemento negativo
viene in tal modo incluso in un lieto circuito ritmico dove appunto la poetica della grazia (a differenza di quella della bellezza, perseguita dai poeti puri) consente a Saba l'arte cosí difficile «d'être sincère sans être ridicule», che Baudelaire invocava come necessaria al pittore della vita moderna.

Ricordate quel dorso di fanciulla come s'incide nella di-
stante memoria del poeta?

> E quel che ha un nome vile,
> è un'assai gentil cosa
> nelle mie stampe accolta.

Ma per questa perifrasi eccezionalmente dettata da un sinto-
matico pudore, il fine critico stilistico non venga a dare del
«perifrastico» a Saba.

Saba (come ogni vero poeta) amava *le mot propre*, i piú comuni sostantivi, sicché poté ben vantarsi poi di avere scritto dei versi dove «il sangue fu sangue, il pianto pianto». Ma proprio questo non seppero perdonargli né i patroni della poesia pura, né quelli della poesia ermetica. Col suo Nietzsche, Saba (che ha avuto i piú sicuri riconoscimenti per simpatia di scrittori, piuttosto che per penetrazione di critici) avrebbe potuto dire a molti di costoro: «Non basta aver dell'ingegno: bisogna aver da voi anche il permesso d'averne, – che ve ne pare amici miei?»

Il caffelatte e *La brama* furono tra i capolavori del nuovo Saba. Egli non aveva esitato ad assimilarsi l'esperienza della nuova avanguardia (che aveva un nome destinato ad essere illustre: Ungaretti). Ora, l'impianto delle sue liriche restava classico sia che ritraesse una cara immagine familiare, sia che sublimasse un inno che giustamente fu paragonato al leopardiano «pensiero dominante». Ma la poetica della parola sillabata sui suoi fonemi non incantò mai Saba ad un'imitazione. Sempre nei suoi versi, nei nuovi come nei precedenti, i valori musicali dei fonemi sono subordinati alla nuda, chiara semanticità della parola, e la parola quasi mai eccezionale, sempre semplice ed ovvia, è subordinata al ritmo che le dà spicco e la rinnova, e il ritmo è docilmente piegato all'esigenza dell'intero discorso che governa il canto e lo modula nel lento sviluppo da inversioni e da incisi, e lo fa indugiare nelle pause degli *enjambements* che per la repentina dolcezza sono piuttosto amorose esitazioni sulle immagini, calmi rintocchi sulle rime. Formino versi piú abusati e «rasoterra» (come lui diceva) o meno consueti, endecasillabi o trisillabi, le sue parole Saba non sapeva pronunciarle senza che le scandisse in una dichiarata misura classica (e nel classico s'include anche ciò che può essere divenuto estremamente popolare). Ma nulla di piú remoto dalla melica tradizionale, tutta orecchiabile sugli accenti, di versi come questi della *Brama*:

O nell'antica carne
dell'uomo addentro infitta
antica brama!

O di questi del *Caffelatte*:

Amara
si leva. E sente
che torna lentamente
felice.

La classicità di Saba è insita nella concezione stessa di ogni sua lirica, mai presentata al lettore come una frammentaria «allegria» musicale scampata dal silenzio di un naufragio, o un «osso di seppia» divenuto preziosa e isolata presenza al sole che l'ha inaridito. Le sue liriche di questo periodo sono sempre «composizioni»,

e l'unità sublima
tutto ch'era disperso.

A quali vertici Saba giungesse nell'equidistanza e dalla melica tradizionale e dalla musicalità contemporanea creata dalle voci piú alte del nostro decadentismo lo indicano, a parer mio, le *Fughe*, dove i contrasti drammatici di tutta la poesia di Saba si condensano in forme uniche, generate dalla stessa struttura della composizione. Non conosco in tutta la poesia moderna liriche paragonabili a queste, nelle quali il *Canzoniere* ci offre come il nodo di tutte le vitali contraddizioni del poeta. Quelle «due vite» che egli giustamente si gloriò di aver fuso in una si esprimono qui in due voci alterne che ricercano gli «estremi accordi», perché le collisioni interne e quelle tra il poeta e la realtà vengano superate in una serena catarsi. Nelle *Fughe* nasce quella «terza voce» goethianamente olimpica («Io non so piú lieta cosa | del sereno in cui mi godo») che Saba ha saputo levare quando la reazione fascista aveva già cominciato a darci gli anni finora piú depressi di questa età che ci è toccata in sorte, al confronto della quale gli anni della Restaurazione che straziarono Leopardi appaiono, a noi posteri, un sopportabile idillio.

Le *Fughe* di Saba in quel linguaggio rarefatto nell'astrazione musicale che vi predomina (se si eccettua particolarmente la prima) sono innanzi tutto un monumento alla resistenza occulta opposta con disperata speranza da quanti furono consapevoli della sventura storica abbattutasi su di noi e che presto avrebbe coinvolto con la Germania, l'Europa e il mondo intero.

Dalla marea che un popolo ha sommerso
e me con esso, ancora
levo la testa? Ancora
ascolto? Ancora non è tutto perso?

Saba, ascoltando le sue due voci, la lieta e la mesta, la fiduciosa e la disperata, ci seppe riconoscere, confusi ai dolori e alle gioie della sua condizione umana, altri dolori e altre gioie di «prigioni» ormai non soltanto letterari e figurativi, ma reali, grazie all'operosità dei tribunali politici.

È un titolo d'onore per tutti quei giovani scrittori antifascisti che sulla rivista «Solaria» vollero, nel 1928, tributare un omaggio al poeta delle *Fughe*. Ed è un titolo di gloria per l'intelligenza critica di Eugenio Montale aver compreso (come nessuno mi pare sia stato capace) la grandezza della *Sesta fuga* e di avere, attraverso coraggiose citazioni delle sue tre voci, sottolineato i momenti essenziali di questa lirica.

Rileggendola si ha il sospetto che Saba riecheggiasse (e insieme volesse liberarne il suo orecchio) la musichetta da trivio onde il regime trionfante ci assordava con gli ottonari del suo inno ufficiale e mentiva la servitú in «salvezza della nostra libertà». Non era, del resto, la prima volta che piuttosto dei ricordi classici (come è stato detto) motivi estremamente vulgati presiedevano alla nascita delle liriche di Saba, stimolando un particolare processo di sublimazione. Gli ottonari della *Sesta fuga* sono un vero inno di libertà, che erompe dal profondo del «cieco amore della vita». Il poeta riconosce solo all'arte il potere di soggiogarci:

La bellezza m'innamora,
e la grazia m'incatena.

Ma, lo sappiamo, la grazia per Saba non era né un ideale estetizzante, né un termine d'esperienza mistica, era lume e ragione di conquistata coscienza del reale:

Amo sol chi in ceppi avvinto,
nell'orror d'una segreta,
può aver l'anima piú lieta
di chi a sangue lo percuote.

Bagna il pianto le sue gote,
cresce in cor la strana ebbrezza.
Per lui prova giovanezza
la sua grazia anche ai supplizi.

Benché portato dalla sua formazione decadente a ritrarre l'uomo verso la sua primitiva condizione ferina, benché ricacciato dal suo narcisismo lirico a nascondersi in se stesso («è questa un'altra *sua* grazia»), Saba è troppo grande poeta per non incontrare nel mondo storico le presenti e vive negazioni ad una solitudine disumanante:

È bella la nostra solitudine. Ma pure
sento in essa echeggiar le altrui sventure
piú grandi.

Cantare la tranquilla grandezza di un ideale umanistico, in pieno fascismo, in mezzo al rinnegamento degli ideali piú alti

conquistati dall'umanità, era la miglior polemica che un poeta
potesse condurre contro ogni posa gladiatoria ed eroica:

> Alla mesta adolescenza
> ho lasciati i sogni vani.
> Esser uomo tra gli umani
> io non so piú dolce cosa.

E trovo significativo che ritornando ai mitici paradisi del-
l'infanzia (sulle orme del piccolo Berto e della sua balia, la
«madre lieta»), neppure le condizioni d'illibertà in cui scriveva, trattennero Saba dal riprendere, fuori dell'astrazione lirica, nel suo consueto linguaggio realistico, i temi (cfr. *Cucina
economica*) della sua tenera solidarietà, dove riaffermava le
sue origini e la sua destinazione di scrittore:

> Il popolo in cui muoio, onde son nato.

«Voce di una saggezza conquistata e perduta in un'alterna
lotta, e perciò lontana da quell'immobilità che è nemica, penso, della poesia. Saggezza Ombra Illusione Eco

> (... La vita
> che ricevi da me, ripeti in strana
> guisa. E una cosa tu mi credi vana,
> perché ti riesco impalpabile. Eppure
> esisto).

ma in ogni caso illusione vivente: questa l'antagonista che ci
mette di fronte il Saba delle *Fughe*: il libro del suo umano e
profondo smarrimento di fronte all'ultima parte di se stesso».
Cosí scrisse Eugenio Montale, enucleando dall'ultima fuga
quel che piú sentiva di fraterno e di congeniale nella poesia di
Saba. E, isolati dal contesto, non sembrano questi versi già an-
ticipare le *Occasioni*?
Si è parlato di un'influenza di Montale sull'ultimo Saba. Ma
forse sarebbe piú giusto parlare di un'interdipendenza fra i
due poeti (che non ne pregiudica affatto l'originalità), uno
scambio favorito dal naturale incontro fra la scabra aridità del
poeta ligure e l'angosciata condizione di Saba, giunto ormai al
suo inverno, quando, alla soglia dei suoi sessant'anni, era ben
consapevole di dover dissodare «un terreno secco e duro».
Frammentario ormai per necessità, non per elezione, il Saba
di *Parole* e di *Ultime cose* (1933-43) è tuttavia poeta non in ciò
che lo possa, per equivoco, assomigliare ad altri poeti contemporanei e, proprio per equivoco, gli è valso una contegnosa

concessione di riconoscimenti da parte degli amatori ermetiz-
zanti della poesia pura.

A me pare che dove il vecchio Saba scava a fondo, lí ritrova
quella vena che è solo sua. E non voglio dire di quello splendi-
do poemetto che formano le *Cinque poesie per il gioco del calcio*, dove l'ottimismo vittorioso del poeta, anche in un regime
che gli repugnava, riesce a trovare l'unico appiglio di sponta-
neità collettiva grazie al quale egli potesse riconoscersi felicemente nel popolo «onde era nato». Ma taluna delle *Ultime
cose*, quel presentimento come di un crollo immenso nel quale
sarebbe scomparso anche il minimo vestigio di quell'altro
mondo in cui aveva assaporato l'amore della vita, ci fa comprendere come l'«assenza» che desola la sua parola non è il
vuoto esistenziale di tanta letteratura ermetica, ma è il com-
pianto di un vuoto storico:

> Tutto se chiedo, posso avere, fuori
> quel mio cuore, quell'aria mia e quel tempo.

E l'autenticità di Saba risalta piena dal rispetto dei suoi
principî di poeta altrettanto impuro quanto chiaro, per cui
dalle altezza di *Contovello* scade a vere e proprie ingenuità e
non le nasconde (anzi, le riporta perfino nella presente scelta).

Questa forza d'accettare secondo il canone di una classicità
moderna il bello e brutto nell'arte come i beni e i mali della
vita, non viene meno in Saba neppure quando il passato remoto e quello prossimo sono ormai in macerie e lo sorprendono
le «spaventose vicende» che seppellirono il fascismo, per dar
luogo, dopo brevi illusioni, al precoce tramonto del movimento di liberazione, che aveva in qualche raro giorno illuminato
di mesta speranza l'anima del poeta.

La libertà gli ridava le condizioni di un canto senza divieti.
Ma come dimenticare le rovine che la seconda guerra mondiale aveva accumulato sull'Italia e sull'Europa? Saba stentava a
ritrovare la sua voce serena anche quando (come nel famoso
Teatro degli Artigianelli) echeggiavano intorno a lui le semplici risate di fiducia nella ripresa. La grazia di questa lirica, che
è tra le pochissime poesie degne di sopravvivere a tanta retori-
ca della Liberazione europea, è nell'alone di tristezza che accompagna il momento della vittoria: tutte le tristezze e le rovine che fanno l'amaro valore di quella gioia e sembrano come
presagire immancabili amarezze future. Ottimismo della fantasia nella rappresentazione, pessimismo dell'intelligenza storica nell'alta coscienza dello scrittore. Ma non tardarono gior-

ni pienamente sereni: essi rifulgono in molte delle liriche raccolte col titolo di *Mediterranee* (1945-47). A Saba parve di aver
ritrovato una degna conclusione al suo avventuroso poema,
quando «aveva Roma e la felicità». Aveva ritrovato, nel gusto
di brevi, antichi epigrammi, ispirati da una musa «occhiazzurra», le immagini della sua stessa giovinezza, coi suoi sogni e
col suo furore, col suo male e col suo bene, il suo mondo poetico intatto nella vivida «smaltatura» (come la chiamò un critico) dei suoi giovanili colori. «Bisogna prendere congedo
dalla vita, come Ulisse da Nausicaa, piuttosto benedicendola
che innamorati di essa», consigliava il suo Nietzsche. E tale
sembra lo spirito di quella mirabile prosopopea di Ulisse che
chiudeva la terza ed ultima parte del *Canzoniere* (ed. cit.,
1948), proprio come una calda epigrafe antica, senza nessun
gelo mortificante di neoclassico mitologismo.

Pure, il viaggio di Saba non poté aver fine, come egli avrebbe desiderato, nel colmo felice di quest'ultima luce invernale.
Un epilogo drammatico fu riserbato alle poesie di quella che
fu detta la sua «quinta stagione», appena consolata dai sogni
di infantile fraternità per il genere umano cantati in *Uccelli*
(estate 1948) e in *Quasi un racconto* (1951), dove la grazia della
sua poesia realizzò quei toni di favola vagheggiati sin da quando leggeva l'abate Clasio, ma liberati da ogni didascalismo, in-
cantevoli e lieti versi di un supremo ciclo unitario, compenso
a giorni che furono forse tra i piú straziati della sua esistenza.

Assuefatti al clima della guerra fredda, oggi non ci rendia-
mo piú abbastanza conto degli anni assurdi che ancora non
sono decisamente terminati, e che tanto piú ci ferirono all'i-
nizio, perché sopraggiungevano inopinati, dopo la fine di un
conflitto. Come in memoria di quei giorni, che furono anche
i giorni in cui Saba mi onorò della sua amicizia, avrei voluto
chiudere questa antologia con la lirica che contiene il suo messaggio supremo:

Tutto il mondo ha bisogno di amicizia.

Ma mi son trattenuto dal farlo, innanzi tutto perché nemmeno
il sospetto di un finale eloquente si addice a un grande libro di
poesia, e tanto meno se presentato antologicamente. D'altron-
de non avrei voluto aver l'aria d'introdurre una conclusione
«mia» in assenza di Saba, e come per avere l'ultima parola
nella disputa epistolare che ho ricordato all'inizio di questa introduzione e che ci riporta cosí bene all'atmosfera di Trieste,
quando «quell'estrema sponda d'Italia» era tornata ad essere

« ancora guerra » in uno dei centri piú esposti ai pericoli della situazione mondiale, e all'esausto poeta, fece apparire la morte piú che mai come liberatrice.

Era il 25 agosto 1957.

In un foglio ritrovato dalla figlia Linuccia, Saba, con la mano fermissima di chi ha compiuto la sua giornata geniale, aveva scritto come per alta pietà della sua, di ogni condizione umana che non voglia farsi illusioni di eterno:

> Il poeta è l'amalgama di un bambino e di un uomo riuniti in una sola persona: è un bambino che si meraviglia delle cose che accadono a lui stesso diventato adulto. Quanto poi, con gli anni, l'uomo s'indebolisce, rimane solo il bambino. E il bambino chiede la madre. Ora la sola madre (la sola donna che possa avere davvero pietà di un vecchio) è la Madre Terra.

Dopo la morte di Saba sono accadute troppe cose perché non riconsideri le sue ragioni e il suo desolato trasalimento, come di chi viva con intensa lucidità alla vigilia di una crisi della crisi: quella che ha sorpreso noi in questi anni coinvolgendo di nuovo il mondo intero, sia pure sulla via di una difficile pace, obbligandoci a ripensare e a rimettere tutto in discussione, fra l'altro quali siano i limiti (e insieme gli obblighi non certo diminuiti) e le inalienabili possibilità degli intellettuali. Il problema non è di essere ingenui, ma di esserlo interamente. Cosí soltanto ci si conquista il diritto alla parola, anche se non si può avere la forza di presumere su di sé il « pianse e capí per tutti », la mal imitabile superbia dell'ultimo Saba.

Mai la Città dell'uomo fu cosí unita in una sola comunità dove l'angoscia ha superato da tempo il punto morto dell'indifferenza acuta, o l'accensione del combattere forsennato. Si vuol porre un rifiuto fermo e cosciente ad ogni agitazione che distragga dal vero, ad ogni propaganda che strappi al momento religioso della vita l'autonomia: quell'autonomia che nasce solo da un libero esame, senza attendersi nulla dai capi e dai pastori.

Quando Saba temeva che i suoi versi fossero adoperati strumentalmente aveva ragione. La sua poesia onesta aveva ritrovato da sé, come sempre, nei piú ardui momenti della sua vita il suo compito civile.

Ma aveva ragione il poeta a ritenere ancor valida quella ideologia letteraria e non solo letteraria che da decenni lusinga in noi il bambino e vorrebbe far tacere la mente adulta, allorché ci fa riconoscere come inevitabile oggi piú che mai l'impossibilità di sfuggire alla nostra condizione storica?

Senza la coscienza del reale (non si può non ripetere il detto della *Sesta fuga*),

> io non so piú cieco amore
> dell'amore della vita.

Non da ieri siamo diventati animali politici, nati cioè per la convivenza nella città che è propria dell'uomo e che non si può rinnegare, senza negare la madre di ogni cultura e della stessa poesia, che è rapporto perenne e perennemente nuovo dell'uomo-natura con l'uomo-società, dell'antico animale e dell'animale cittadino di questa immensa *polis* della nostra terra, che dobbiamo poter unificare, se è vero che abbiamo il potere di disintegrarla.

Saba, dantesco poeta dell'unità, appartiene al mondo moderno e al suo futuro che non tarderà a riconoscere la sua grandezza, meglio di quanto non abbiamo saputo fare sinora.

Nei versi amari della sua *Epigrafe* egli, con uno sguardo forse troppo limitato al triste orizzonte italiano, volle registrare la continuità negativa degli anni che viviamo con gli anni dai quali scampammo: «dopo il nero fascista il nero prete». Ha parlato di «un popolo di morti» con un isolamento sprezzante, con un tono ingiusto verso di sé non meno che altrui. Ma dove poetò con pienezza per l'ultima volta, voglio dire in quella lirica *Vecchio e giovane* che ho prescelto come chiusa della nostra antologia perché è uno dei vertici di tutta la poesia moderna, l'avventura del suo ulissismo si sublima di là da ogni privata circostanza e riafferma con serena forza rivoluzionaria il ritmo puro di ciò che dev'essere nell'individuo e nel genere umano: la morte di ciò che è vecchio, la trepida e non paternalistica attesa per l'oscuro domani di Telemaco, adolescente dinanzi alla vita che ricompone in perennità i contrasti e confonde il passato nell'avvenire. Questo, ma non con un canto cosí spiegato che presuppone, appunto, la libertà, avevano già cantato le astratte voci della *Quinta fuga*:

> Tutto è sempre in un punto che paurosa-
> mente circonda lo stesso infinito.
> *Il vecchio stanco ed il ragazzo ardito*
> *sono anch'essi una cosa?* Un'aureo anello,
> che nel suo giro mirabile ha unito
> il principio e la fine.

CARLO MUSCETTA

Antologia del « Canzoniere »

Amai

Amai trite parole che non uno
osava. M'incantò la rima fiore
amore,
la piú antica difficile del mondo.

Amai la verità che giace al fondo,
quasi un sogno obliato, che il dolore
riscopre amica. Con paura il cuore
le si accosta, che piú non l'abbandona.

Amo te che mi ascolti e la mia buona
carta lasciata al fine del mio gioco.

(Da *Mediterranee*).

Da
Poesie dell'adolescenza e giovanili
(1900-1907)

Ammonizione

Che fai nel ciel sereno
bel nuvolo rosato,
acceso e vagheggiato
dall'aurora del dí?

Cangi tue forme e perdi
quel fuoco veleggiando;
ti spezzi e, dileguando,
ammonisci cosí:

Tu pure, o baldo giovane,
cui suonan liete l'ore,
cui dolci sogni e amore
nascondono l'avel,

scolorerai, chiudendo
le azzurre luci, un giorno;
mai piú vedrai d'intorno
gli amici e il patrio ciel.

Canzonetta

Ero solo in riva al mare,
all'azzurro mar natio,
e pensavo te amor mio,
te lontano a villeggiar.

Era il vespro, era nel mare
presso a scender l'astro d'oro;
d'onda in onda un rivol d'oro
si vedeva folgorar.

Di tra i monti in ciel lo spicchio
della bianca luna nacque;
si vedeva in un sull'acque
il suo argento tremolar.

Glauco

Glauco, un fanciullo dalla chioma bionda,
dal bel vestito di marinaretto,
e dall'occhio sereno, con gioconda
voce mi disse, nel natio dialetto:

Umberto, ma perché senza un diletto
tu consumi la vita, e par nasconda
un dolore o un mistero ogni tuo detto?
Perché non vieni con me sulla sponda

del mare, che in sue azzurre onde c'invita?
Qual'è il pensiero che non dici, ascoso,
e che da noi, cosí a un tratto, t'invola?

Tu non sai come sia dolce la vita
agli amici che fuggi, e come vola
a me il mio tempo, allegro e immaginoso.

A Lina

Primieramente udii nella solenne
notte un richiamo: il chiú.
Dell'amore che fu,
Lina, mi risovvenne.

Quanti suoni risposero a quel suono,
quanti canti a quel canto!
Strinse il cuore un rimpianto
di te; ti chiesi dell'oblio perdono.

Ultimamente udii nella solenne
notte un gemito: il chiú.
Del dolore che fu,
Lina, mi risovvenne.

Il sogno di un coscritto
(L'osteria fuori porta)

Or che di molte passioni l'urto
si addormí nel respiro
della notte profonda,
e fatto ha la ronda
ultima l'ultimo giro;

che là solo e di furto
arde ancora un lucignolo fumoso,
penso, in blando riposo,
penso lo smarrimento che al fervore
dei miei sogni seguiva, entro un'antica
osteria fuori porta, oggi, nell'ore
della libera uscita.

Ero là con i miei nuovi compagni;
là con essi seduto ad un'ingombra
tavola, quando un'ombra
scese in me, che la mia vita lontana
tenne, con la sua forza, con le sue
pene, da quel tumulto vespertino.
Centellinavo attonito i miei due
soldi di vino.

Non un poeta, ero uno sperduto
che faceva il soldato,
guatandosi all'intorno l'affollato
mondo, stupido e muto;

che come gli altri, in negro
vino il suo poco rame barattava
che coi baci la mamma a lui mandava,
triste no, non allegro;

con nella mente fitta
sola un'idea, recata

da un suon lontano: forse la prescritta
ora trascorsa della ritirata.

Né si squarciò quel velo,
né a vivere tornai di questa mia
vita, prima che fredda nella via
fosse la notte e in cielo.

Da
Versi militari
(1908)

In cortile

In cortile quei due stavan soletti.
Era l'alba con venti umidi e freschi.
Mi piaceva guardar sui fanciulleschi
volti il cupo turchino dei berretti;

quando l'un l'altro, dopo due sgambetti,
fece presentat'arm colla ramazza.
Seguí una lotta ad una corsa pazza,
colle schiene cozzarono e coi petti.

Mi videro, e Dio sa quale capriccio
sospinse a me quei due giovani cani.
Con molti « Te la sgugni » e « Me la spiccio »,

motteggiando, mi presero le mani.
Ed io sorrisi, ché ai piccoli snelli
corpi, agli atti parevano gemelli.

Di ronda alla spiaggia

Annotta. Nella piazza i trombettieri
uscirono a suonar la ritirata.
La consegna io l'ho, credo, scordata;
che tendono a ben altro i miei pensieri.

E il mare solitario i miei pensieri
culla con le sue lunghe onde grigiastre,
dove il tramonto scivolò con piastre
d'oro, rifulse in liquidi sentieri.

Questo a lungo ammirai, ben che al soldato
piú chiudere che aprire gli occhi alletta,
che ha i piedi infermi ed il cuore malato.

E seggo, e sulla sabbia umida e netta
un nome da infiniti anni obliato
scrive la punta della baionetta.

Da

Casa e campagna
(1909-1910)

A mia moglie

Tu sei come una giovane,
una bianca pollastra.
Le si arruffano al vento
le piume, il collo china
per bere, e in terra raspa;
ma, nell'andare, ha il lento
tuo passo di regina,
ed incede sull'erba
pettoruta e superba.
È migliore del maschio.
È come sono tutte
le femmine di tutti
i sereni animali
che avvicinano a Dio.
Cosí se l'occhio, se il giudizio mio
non m'inganna, fra queste hai le tue uguali,
e in nessun'altra donna.
Quando la sera assonna
le gallinelle,
mettono voci che ricordan quelle,
dolcissime, onde a volte dei tuoi mali
ti quereli, e non sai
che la tua voce ha la soave e triste
musica dei pollai.

Tu sei come una gravida
giovenca;
libera ancora e senza
gravezza, anzi festosa;
che, se la lisci, il collo
volge, ove tinge un rosa
tenero la sua carne.
Se l'incontri e muggire
l'odi, tanto è quel suono
lamentoso, che l'erba
strappi, per farle un dono.

È cosí che il mio dono
t'offro quando sei triste.

Tu sei come una lunga
cagna, che sempre tanta
dolcezza ha negli occhi,
e ferocia nel cuore.
Ai tuoi piedi una santa
sembra, che d'un fervore
indomabile arda,
e cosí ti riguarda
come il suo Dio e Signore.
Quando in casa o per via
segue, a chi solo tenti
avvicinarsi, i denti
candidissimi scopre.
Ed il suo amore soffre
di gelosia.

Tu sei come la pavida
coniglia. Entro l'angusta
gabbia ritta al vederti
s'alza,
e verso te gli orecchi
alti protende e fermi;
che la crusca e i radicchi
tu le porti, di cui
priva in sé si rannicchia,
cerca gli angoli bui.
Chi potrebbe quel cibo
ritoglierle? chi il pelo
che si strappa di dosso,
per aggiungerlo al nido
dove poi partorire?
Chi mai farti soffrire?

Tu sei come la rondine
che torna in primavera.
Ma in autunno riparte;
e tu non hai quest'arte.
Tu questo hai della rondine:
le movenze leggere;

questo che a me, che mi sentiva ed era
vecchio, annunciavi un'altra primavera.

Tu sei come la provvida
formica. Di lei, quando
escono alla campagna,
parla al bimbo la nonna
che l'accompagna.
E cosí nella pecchia
ti ritrovo, ed in tutte
le femmine di tutti
i sereni animali
che avvicinano a Dio;
e in nessun'altra donna.

La capra

Ho parlato a una capra.
Era sola sul prato, era legata.
Sazia d'erba, bagnata
dalla pioggia, belava.

Quell'uguale belato era fraterno
al mio dolore. Ed io risposi, prima
per celia, poi perché il dolore è eterno,
ha una voce e non varia.
Questa voce sentiva
gemere in una capra solitaria.

In una capra dal viso semita
sentiva querelarsi ogni altro male,
ogni altra vita.

A mia figlia

Mio tenero germoglio,
che non amo perché sulla mia pianta
sei rifiorita, ma perché sei tanto
debole e amore ti ha concesso a me;
o mia figliola, tu non sei dei sogni
miei la speranza; e non piú che per ogni
altro germoglio è il mio amore per te.

La mia vita, mia cara
bambina,
è l'erta solitaria, l'erta chiusa
dal muricciolo,
dove al tramonto solo
siedo, a celati miei pensieri in vista.
Se tu non vivi a quei pensieri in cima,
pur nel tuo mondo li fai divagare;
e mi piace da presso riguardare
la tua conquista.

Ti conquisti la casa a poco a poco,
e il cuore della tua selvaggia mamma.
Come la vedi, di gioia s'infiamma
la tua guancia, ed a lei corri dal gioco.
Ti accoglie in grembo una sí bella e pia
mamma, e ti gode. E il vecchio amore oblia.

Da

Trieste e una donna

(1910-1912)

L'autunno

Che succede di te, della tua vita,
mio solo amico, mia pallida sposa?
La tua bellezza si fa dolorosa,
e piú non assomigli a Carmençita.

Dici: «È l'autunno, è la stagione in vista
sí ridente, che fa male al mio cuore».
Dici – e ad un noto incanto mi conquista
la tua voce –: «Non vedi là in giardino
quell'albero che tutto ancor non muore,
dove ogni foglia che resta è un rubino?
Per una donna, amico mio, che schianto
l'autunno! Ad ogni suo ritorno sai
che sempre, fino da bambina, ho pianto».
Altro non dici a chi ti vive accanto,
a chi vive di te, del tuo dolore
che gli ascondi; e si chiede se piú mai,

anima, e dove e a che, rifiorirai.

Il torrente

Tu così avventuroso nel mio mito,
così povero sei fra le tue sponde.
Non hai, ch'io veda, margine fiorito.
Dove ristagni scopri cose immonde.

Pur, se ti guardo, il cor d'ansia mi stringi,
o torrentello.
Tutto il tuo corso è quello
del mio pensiero, che tu risospingi
alle origini, a tutto il forte e il bello
che in te ammiravo; e se ripenso i grossi
fiumi, l'incontro con l'avverso mare,
quest'acqua onde tu appena i piedi arrossi
nudi a una lavandaia,
la più pericolosa e la più gaia,
con isole e cascate, ancor m'appare;
e il poggio da cui scendi è una montagna.

Sulla tua sponda lastricata l'erba
cresceva, e cresce nel ricordo sempre;
sempre è d'intorno a te sabato sera;
sempre ad un bimbo la sua madre austera
rammenta che quest'acqua è fuggitiva,
che non ritrova più la sua sorgente,
né la sua riva; sempre l'ancor bella
donna si attrista, e cerca la sua mano
il fanciulletto, che ascoltò uno strano
confronto tra la vita nostra e quella
della corrente.

Trieste

Ho attraversata tutta la città.
Poi ho salita un'erta,
popolosa in principio, in là deserta,
chiusa da un muricciolo:
un cantuccio in cui solo
siedo; e mi pare che dove esso termina
termini la città.

Trieste ha una scontrosa
grazia. Se piace,
è come un ragazzaccio aspro e vorace,
con gli occhi azzurri e mani troppo grandi
per regalare un fiore;
come un amore
con gelosia.
Da quest'erta ogni chiesa, ogni sua via
scopro, se mena all'ingombrata spiaggia,
o alla collina cui, sulla sassosa
cima, una casa, l'ultima, s'aggrappa.
Intorno
circola ad ogni cosa
un'aria strana, un'aria tormentosa,
l'aria natia.
La mia città che in ogni parte è viva,
ha il cantuccio a me fatto, alla mia vita
pensosa e schiva.

Città vecchia

Spesso, per ritornare alla mia casa
prendo un'oscura via di città vecchia.
Giallo in qualche pozzanghera si specchia
qualche fanale, e affollata è la strada.

Qui tra la gente che viene che va
dall'osteria alla casa o al lupanare,
dove son merci ed uomini il detrito
di un gran porto di mare,
io ritrovo, passando, l'infinito
nell'umiltà.
Qui prostituta e marinaio, il vecchio
che bestemmia, la femmina che bega,
il dragone che siede alla bottega
del friggitore,
la tumultuante giovane impazzita
d'amore,
sono tutte creature della vita
e del dolore;
s'agita in esse, come in me, il Signore.

Qui degli umili sento in compagnia
il mio pensiero farsi
piú puro dove piú turpe è la via.

La gatta

La tua gattina è diventata magra.
Altro male non è il suo che d'amore:
male che alle tue cure la consacra.

Non provi un'accorata tenerezza?
Non la senti vibrare come un cuore
sotto alla tua carezza?
Ai miei occhi è perfetta
come te questa tua selvaggia gatta,
ma come te ragazza
e innamorata, che sempre cercavi,
che senza pace qua e là t'aggiravi,
che tutti dicevano: « È pazza ».

È come te ragazza.

La fanciulla

Chi vede te vede una primavera,
uno strano arboscello, che non reca
fiori, ma frutta.

Un giorno ti tagliavano i capelli.
Stavi, fra il tuo carnefice e la mamma,
stavi ritta e proterva;
quasi un aspro garzon sotto la verga,
a cui le guance ira e vergogna infiamma,
luccicavano appena i tuoi grandi occhi;
e credo ti tremassero i ginocchi
dalla pena che avevi.
Poi con quale fierezza raccoglievi
quel tesoro perduto,
quel magnifico tuo bene caduto,
i tuoi lunghi capelli.

Io ti porsi uno specchio. Entro la bruna
chioma vi tondeggiava il tuo bel volto
come un polposo frutto.

Dopo la tristezza

Questo pane ha il sapore d'un ricordo,
mangiato in questa povera osteria,
dov'è piú abbandonato e ingombro il porto.

E della birra mi godo l'amaro,
seduto del ritorno a mezza via,
in faccia ai monti annuvolati e al faro.

L'anima mia che una sua pena ha vinta,
con occhi nuovi nell'antica sera
guarda un pilota con la moglie incinta;

e un bastimento, di che il vecchio legno
luccica al sole, e con la ciminiera
lunga quanto i due alberi, è un disegno

fanciullesco, che ho fatto or son vent'anni.
E chi mi avrebbe detto la mia vita
cosí bella, con tanti dolci affanni,

e tanta beatitudine romita!

Tre vie

C'è a Trieste una via dove mi specchio
nei lunghi giorni di chiusa tristezza:
si chiama Via del Lazzaretto Vecchio.
Tra case come ospizi antiche uguali,
ha una nota, una sola, d'allegrezza:
il mare in fondo alle sue laterali.
Odorata di droghe e di catrame
dai magazzini desolati a fronte,
fa commercio di reti, di cordame
per le navi: un negozio ha per insegna
una bandiera; nell'interno, volte
contro il passante, che raro le degna
d'uno sguardo, coi volti esangui e proni
sui colori di tutte le nazioni,
le lavoranti scontano la pena
della vita: innocenti prigioniere
cuciono tetre le allegre bandiere.

A Trieste ove son tristezze molte,
e bellezze di cielo e di contrada,
c'è un'erta che si chiama Via del Monte.
Incomincia con una sinagoga,
e termina ad un chiostro; a mezza strada
ha una cappella; indi la nera foga
della vita scoprire puoi da un prato,
e il mare con le navi e il promontorio,
e la folla e le tende del mercato.
Pure, a fianco dell'erta, è un camposanto
abbandonato, ove nessun mortorio
entra, non si sotterra piú, per quanto
io mi ricordi: il vecchio cimitero
degli ebrei, cosí caro al mio pensiero,
se vi penso i miei vecchi, dopo tanto
penare e mercatare, là sepolti,
simili tutti d'animo e di volti.

Via del Monte è la via dei santi affetti,
ma la via della gioia e dell'amore
è sempre Via Domenico Rossetti.
Questa verde contrada suburbana,
che perde dí per dí del suo colore,
che è sempre piú città, meno campagna,
serba il fascino ancora dei suoi belli
anni, delle sue prime ville sperse,
dei suoi radi filari d'alberelli.
Chi la passeggia in queste ultime sere
d'estate, quando tutte sono aperte
le finestre, e ciascuna è un belvedere,
dove agucchiando o leggendo si aspetta,
pensa che forse qui la sua diletta
rifiorirebbe all'antico piacere
di vivere, di amare lui, lui solo;
e a piú rosea salute il suo figliolo.

L'ora nostra

Sai un'ora del giorno che piú bella
sia della sera? tanto
piú bella e meno amata? È quella
che di poco i suoi sacri ozi precede;
l'ora che intensa è l'opera, e si vede
la gente mareggiare nelle strade;
sulle moli quadrate delle case
una luna sfumata, una che appena
discerni nell'aria serena.

È l'ora che lasciavi la campagna
per goderti la tua cara città,
dal golfo luminoso alla montagna
varia d'aspetti in sua bella unità;
l'ora che la mia vita in piena va
come un fiume al suo mare;
e il mio pensiero, il lesto camminare
della folla, l'artiere in cima all'alta
scala, il fanciullo che correndo salta
sul carro fragoroso, tutto appare
fermo nell'atto, tutto questo andare
ha una parvenza d'immobilità.

È l'ora grande, l'ora che accompagna
meglio la nostra vendemmiante età.

Il poeta

Il poeta ha le sue giornate
contate,
come tutti gli uomini; ma quanto,
quanto variate!

L'ore del giorno e le quattro stagioni,
un po' meno di sole o piú di vento,
sono lo svago e l'accompagnamento
sempre diverso per le sue passioni
sempre le stesse; ed il tempo che fa
quando si leva, è il grande avvenimento
del giorno, la sua gioia appena desto.
Sovra ogni aspetto lo rallegra questo
d'avverse luci, le belle giornate
movimentate
come la folla in una lunga istoria,
dove azzurro e tempesta poco dura,
e si alternano messi di sventura
e di vittoria.
Con un rosso di sera fa ritorno,
e con le nubi cangia di colore
la sua felicità,
se non cangia il suo cuore.
Il poeta ha le sue giornate
contate,
come tutti gli uomini; ma quanto,
quanto beate!

La malinconia amorosa

Malinconia amorosa
del nostro cuore,
come una cura secreta o un fervore
solitario, piú sempre intima e cara;
per te un dolce pensiero ad un'amara
rimembranza si sposa;
discaccia il tedio che dentro ristagna,
e poi tutta la vita t'accompagna.

Malinconia amorosa
nel giovane che siede
dietro un banco, che vede
chine sulle sue stoffe le piú belle
donne della città; tormento oscuro
nel sognatore,
che, accendendosi già le prime stelle,
qualche lume per via,
sale pensoso di chi sa che amore
e che strazio la lunga erta sassosa
della collina,
dove le case con la chiesa in cima
paion balocchi; la città operosa
sfuma nell'orizzonte ancora acceso;
ed il suo orgoglio ingigantisce, leso
dalla vita, vicino alla follia.

Malinconia amorosa
della mia vita,
prima del cuore ed ultima ferita;
chi a cogliere i tuoi frutti
ama l'ombre calanti, i luoghi oscuri,
lento cammina, va rasente i muri,
non vede quello che vedono tutti,
e quello che nessuno vede adora.

Il fanciullo appassionato

C'è un fanciullo che incontro nelle mie
passeggiate, un fanciullo un poco strano.
Ha qualcosa di me, di me lontano
nel tempo; un passo strascicato e molle
di bestia troppo in libertà lasciata;
la folla schiva entro le anguste vie,
ama le barche piene di cipolle
e di cappucci; tutto esplora, il nuovo
porto, la diga: ed oggi lo ritrovo,
fermo, la bella testina abbassata,
lo sguardo immobilmente a terra chino.
« Che mai sarà, bambino? »

Perché mai cosí intento? E che può dire
solo a se stesso, un chiaro giorno, all'ombra
d'una vela, ove già la riva è sgombra,
questo indimenticabile monello?
che può fargli piú niente altro vedere
che il suo mondo, anche in vista impallidire
come un appassionato, dargli un bello
diverso che di giovane animale?
Io, se in lui mi ricordo, ben mi pare
che il suo cuore non debba ancor sapere
quella che in ogni nostra cura è ascosa,
malinconia amorosa.

Meglio in un lungo avventuroso sogno
il suo ben corrucciato occhio s'interna.
Anche gli è a noia la casa paterna,
un carcere la scuola; e forse è nulla
di tutto questo; è appena un'ombra vana
che insegue, un indistinto ancor bisogno
di esplorare piú addentro che la brulla
collina, e il porto, e lunghe vie remote;
un bisogno onde presto si riscuote,

sospettoso mi guarda, e si allontana
con quel suo passo strascicato e molle
delle bestie satolle.

Il molo

Per me al mondo non v'ha un piú caro e fido
luogo di questo. Dove mai piú solo
mi sento e in buona compagnia che al molo
San Carlo, e piú mi piace l'onda e il lido?

Vedo navi il cui nome è già un ricordo
d'infanzia. Come allor torbidi e fiacchi
– forse aspettando dell'imbarco l'ora –
i garzoni s'aggirano; quei sacchi
su quella tolda, quelle casse a bordo
di quel veliero, eran principio un giorno
di gran ricchezze, onde stupita avrei
l'accolta folla a un lieto mio ritorno,
di bei doni donati i fidi miei.
Non per tale un ritorno or lascerei
molo San Carlo, quest'estrema sponda
d'Italia, ove la vita è ancora guerra;
non so, fuori di lei, pensar gioconda
l'opera, i giorni miei quasi felici,
cosí ben profondate ho le radici
nella mia terra.

Né a te dispiaccia, amica mia, se amore
reco pur tanto al luogo ove son nato.
Sai che un piú vario, un piú movimentato
porto di questo è solo il nostro cuore.

Nuovi versi alla Lina

3.

Se dopo notti affannose mi levo
che l'angoscia dei sogni ancor mi tiene,
e se da quello il mio male mi viene
che piú in alto ponevo;

se in ogni strada che vidi sí bella
vedo adesso una via del cimitero,
e della mia stanzetta il tuo pensiero
mi fa un'orrida cella;

quel giorno ancora chiamo il piú felice
dei miei giorni, che in rosso scialle avvolta
ho salutata per la prima volta
Lina la cucitrice.

13.

Dico al mio cuore, intanto che t'aspetto:
Scordala, che sarà cosa gentile.
Ti vedo, e generoso in uno e vile,
a te m'affretto.

So che per quanto alla mia vita hai tolto,
e per te stessa dovrei odiarti.
Ma poi altro che un bacio non so darti
quando t'ascolto.

Quando t'ascolto parlarmi d'amore
sento che il male ti lasciava intatta;
sento che la tua voce amara è fatta
per il mio cuore.

14.

Dico: «Son vile...»; e tu: «Se m'ami tanto
sia benedetta la *nostra* viltà»
«... ma di baciarti non mi sento stanco».
«E chi si stanca di felicità?»

Ti dico: «Lina, col nostro passato,
amarci... adesso... quali oblii domanda!»
Tu mi rispondi: «Al cuor non si comanda;
e quel ch'è stato è stato».

Dico: «Chi sa se saprò perdonarmi;
se piú mai ti vedrò quella di prima?»
Dici: «In alto mi vuoi nella tua stima?
Questo tu devi: amarmi».

15.

Un marinaio di noi mi parlava,
di noi fra un ritornello di taverna.
Sotto l'azzurra blusa una fraterna
pena a me l'uguagliava.

La sua storia d'amore a me narrando,
sparger lo vidi una lacrima sola.
Ma una lacrima d'uomo, una, una sola,
val tutto il vostro pianto.

« Quell'uomo ed uno come te, ma come
posson sedere assieme all'osteria? »
Ed anche per dir male, Lina mia,
delle povere donne.

Da
La serena disperazione
(1913-1915)

Il garzone con la carriola

È bene ritrovare in noi gli amori
perduti, conciliare in noi l'offesa;
ma se la vita all'interno ti pesa
tu la porti al di fuori.

Spalanchi le finestre o scendi tu
tra la folla: vedrai che basta poco
a rallegrarti: un animale, un gioco,
o, vestito di blu,

un garzone con una carriola,
che a gran voce si tien la strada aperta,
e se appena in discesa trova un'erta
non corre piú, ma vola.

La gente che per via a quell'ora è tanta
non tace, dopo che indietro si tira.
Egli piú grande fa il fracasso e l'ira,
piú si dimena e canta.

Dopo la giovanezza

I.

Non ho nulla da fare. Il cuore è vuoto,
e senza il cuore la saggezza è un gioco.

Non potrei, per compenso, ricordare,
e come nuovo l'antico cantare?

Ma il ricordo fa male alla ferita,
che dí per dí mi riapre la vita;

e del bene goduto resta poco,
ma il male è lungo quanto il tempo e immoto.

Meglio ch'io faccia come altrove, e vada
cercando intorno a me nella contrada;

meglio saziare sol per gli occhi il cuore,
e attendere, se mai torna, l'amore;

l'amor che ci fa nostri anche delusi,
e quando canta, canta ad occhi chiusi.

2.

Quando la vita sale al cuore in piena,
e l'amorosa immagine balena,

par che al tuo stesso pensiero si celi,
e l'avvolge il pudore dei suoi veli.

In un silenzio di sera e di mare
e di ricordi improvvisa t'appare;

ma il cielo non è in lei, né il mare aperto;
piuttosto ha qualche cosa del deserto.

Ignaro nell'incanto entra il bambino,
che giunto a pubertà dorme supino.

Là si desta, e non sa di che, fiaccato,
e vivere vorrebbe addormentato;

se per sospetto le ciglia non serra,
e in bei pensieri si slancia di guerra.

3.

La vista d'una palma giovanetta
mi richiama alla tomba che m'aspetta.

La vista della terra appena smossa
mi mette innanzi un picciol mucchio d'ossa.

E se penso che il mondo è un cimitero,
questo m'è adesso quel dolce pensiero

che scaccia il tedio che dentro ristagna,
e poi tutta la vita t'accompagna.

Che resta all'uomo che sofferse tante
malinconie dell'infanzia aspettante?

ch'ebbe l'adolescenza, ogni sua ebbrezza?
Che resta oltre la prima giovanezza,

che poco fa, che a tutto fare aspira?
Forse l'occhio che illumina ove mira.

Sul prato

È cosí scarso quest'ottobre il caldo
del sole, che al pallore tuo non giova,
bimba, sul prato color di smeraldo.

Ivi è un ruscello; a una domanda tua
io rispondo che è molta acqua di piova.
Tu mi chiedi se corre a casa sua.

O mi chiami onde in gran fretta si vada
qualche passo piú in là sull'ampia terra,
dove quei maschi giocano alla guerra,
e le bambine come te alla casa.

Al Panopticum

Sono entrato, e a mio modo mi ricreo,
dove ha la folla il suo divertimento,
a un Fondo Ralli o Fondo Coroneo.

Quanta malinconia di primavera
passa nell'aria, mentre guardo a un lento
suono animarsi figure di cera!

Guardo fin che l'angoscia è in me perfetta,
e il senso della vita ho rinvenuto.
Poi esco, e penso: Vado all'Isoletta?

Penso: Se ritrovassi in quel bordello
quanto è mia colpa se altrove ho perduto!
Penso: Ancor fossi in libertà un monello,

e andassi fischiettando su e giú,
con quest'errante nostalgia d'amore,
antica quanto l'uomo e molto piú,

di cui non v'ha piú dolce crepacuore.

La ritirata in Piazza Aldrovandi a Bologna

Piazza Aldrovandi e la sera d'ottobre
hanno sposate le bellezze loro;
ed è felice l'occhio che le scopre.

L'allegra ragazzaglia urge e schiamazza,
che i bersaglieri colle trombe d'oro
formano il cerchio in mezzo della piazza.

Io li guardo: Dai monti alla pianura
pingue, ed a quella ove nell'aria è il male,
convengono a una sola vita dura,

a un solo malcontento, a un solo tu;
or quivi a un cenno del lor caporale
gonfian le gote in fior di gioventú.

La canzonetta per l'innamorata,
un'altra che le coppie in danza scaglia,
e poi, correndo già, la ritirata.

E tu sei tutta in questa piazza, o Italia.

Guido

Sul campo, ove a frugar tra l'erba siede,
mi scorge, e in fretta a sé mi chiama, o impronto
s'appressa, come chi un compagno vede;

sciocchissimo fanciullo, a cui colora
le guance un rosa di nubi al tramonto,
e ai quindici anni non par giunto ancora.

Parla di nevicate e di radicchi,
e del paese ove ha uno zio bifolco.
Poi, senza ch'altri lo rincorra o picchi,

fugge da me che intento l'ho ascoltato;
or lo guardo tenersi bene al solco,
non mai, correndo, entrar nel seminato.

Giunto al cancello, lo vedrò in quel tratto
tornarmi, se non fa il verso al tacchino,
o non mi scorda per l'amor che ratto

nasce tra un cane giovane e un bambino.

Ma spesso, per dovere o per trastullo,
come un buon padre o un amoroso balio,
conduce a mano un piccolo fanciullo.

E i giorni di lavoro né s'aggira
pei campi, né alla scuola è il suo travaglio.
La mamma sua fuor del caldo lo tira,

assonnato lo manda all'officina;
non vede come ai giovanetti è bello
di primavera dormir la mattina.

Là un po' s'annoia, un po' ride schiamazza;
che il mastro, o un piú di lui grosso monello
lo insegue in una lunga corsa pazza.

Chi lo giunge lo mette rovescioni,
e se lo serra fra i duri ginocchi.
Ride il vinto, trattato a sculaccioni,

e ridendo si sente punger gli occhi.

Guido ha qualcosa dell'anima mia,
dell'anima di tante creature;
e tiene in cuore la sua nostalgia.

Gli dico: «Non verrai con me a Trieste?
Là c'è il mestiere per tutti, e c'è pure
da divertirsi domeniche e feste».

«Laggiú dove ci son – dice – gli slavi?»
«Vedessi – dico – la bella montagna,
e il mar dove d'aprile già ti lavi».

«E a Tripoli – risponde – c'è mai stato?»;
e si piega a frugar tra l'erbaspagna,
e a mostrarmi un radicchio che ha strappato.

«Vedessi i nuovi bastimenti, il molo
di sera»... e vedo irradiarsi in volto
Guido, che vuol andare, oh sí, ma solo

a Casalecchio, ove ha uno zio bifolco.

Veduta di collina

Che vedo mai dietro l'erma collina
che primavera cosí m'avvicina?

Un poco scende, poi risale appena,
ed insensibilmente ivi s'insena.

V'han colli dove bei nuvoli bianchi
posano a tonde spalle e larghi fianchi;

ma questo è nella sua linea piú schietto:
mostra un dorso di lungo giovanetto.

Rade casine, qualche massa oscura;
dei vigneti sul ciglio dell'altura

azzurreggiano i pali; un picciol vetro
brilla, e si accende a tutto il sole. Dietro,

come del mare sul lido romito,
si vede l'occhio di Dio, l'infinito.

La greggia

Greggia, tu che il sobborgo impolverato
traversi a sera; ed un lezzo a me grato

dietro ti lasci; e hai tanta via da fare
tra la furia dei carri e lo squillare

dei tram, dove la vita ha piú gran fretta,
come lenta procedi e in te ristretta!

Greggia che amai dall'infanzia sperduta,
per te la doglia si fa in cor piú acuta;

e mi viene, non so, d'inginocchiarmi;
non so, nel tuo lanoso insieme parmi

scorger, io solo, qualcosa di santo,
e di antico, e di molto venerando.

Ti mena un vecchio sui piedi malcerto;
un Dio per te, popolo nel deserto.

Il patriarca

Nella collina che splende di faccia
seguo d'un vecchio l'operosa traccia.

Nella mia mente di fantasmi carca,
non è un agricoltore, è un patriarca.

La sua forza al peccato non s'estingue;
tien le radici nella zolla pingue,

nel forte figlio, nella bella nuora,
in lui stesso; e con questo non ignora,

lo scaltro vecchio, che la vita è un male,
che la vita è il peccato originale.

Fin giú all'ultimo campo, per divino
volere, dato ai suoi, tolto al vicino,

un mondo nuovo ha di sé fecondato.
Ne gode, e pensa: Felice il non nato!

Caffè Tergeste

Caffè Tergeste, ai tuoi tavoli bianchi
ripete l'ubbriaco il suo delirio;
ed io ci scrivo i miei piú allegri canti.

Caffè di ladri, di baldracche covo,
io soffersi ai tuoi tavoli il martirio,
lo soffersi a formarmi un cuore nuovo.

Pensavo: Quando bene avrò goduto
la morte, il nulla che in lei mi predico,
che mi ripagherà d'esser vissuto?

Di vantarmi magnanimo non oso;
ma, se il nascere è un fallo, io al mio nemico
sarei, per maggior colpa, piú pietoso.

Caffè di plebe, dove un dí celavo
la mia faccia, con gioia oggi ti guardo.
E tu concili l'italo e lo slavo,

a tarda notte, lungo il tuo bigliardo.

Da
Poesie scritte durante la guerra

La stazione

La stazione ricordi, a notte, piena
d'ultimi addii, di mal frenati pianti,
che la tradotta in partenza affollava?
Una trombetta giú in fondo suonava
l'avanti;
ed il tuo cuore, il tuo cuore agghiacciava.

Zaccaria

La vacca, l'asinello, la manzetta,
al bimbo avvolto in scompagnati panni
erano stufa nell'inverno; i danni
ristorava dei morbi una capretta.

La sua mamma, che pace in cielo aspetta,
sei gli dava nel giro di dieci anni,
sei fratellini; pur, fra pianti e affanni,
due volte il dí fumava la casetta.

Là crebbe; e come sognava bambino,
poco ai campi lo vide il paesello.
Volle d'agricoltor farsi operaio.

Or – tra gli altri feriti – il tempo gaio
della pace ricorda; sul cappello
ha una penna: l'orgoglio dell'Alpino.

E narra come, il braccio al collo, un giorno
tornò alla casa per la guerra mesta.
Nella corte una bimba s'alzò lesta,
dette un grido. Egli: «Zitta – disse – Mima;

dov'è mia madre?» Della scala in cima
l'abbracciò, né il vedersi fu una festa.
«Questa – piangeva – di mio figlio è questa
la faccia?» «Intero – rispose – ti torno.

Il braccio? Poco ci mette a guarire.
Coraggio madre; su vi dico; buona».
E tace, e appena ha piú nulla da dire:

«Fermati Austria, ch'io sto per morire»
coi camerati la canzone intona:
«I miei compagni li vedo fuggire».

O narra quando per tutti di Santa
Genoveffa la pia storia leggeva.
Se a tanti casi il pianto non teneva,
lei, sulla sedia assisa la piú alta:

«Zaccaria – comandava – o leggi o salta
per questa»; e in mano la bacchetta aveva.
Sul grandicello una lucerna ardeva,
gialla, ogni bestia riposava affranta.

Ma se in casa indugiava ai suoi lavori,
con lui gli amici attendevano, o un suono
gli mandavano, acuto, dalla via.

Né a feste andavan senza Zaccaria,
che ben di sé poté scrivere: *Io sono
un quore che con quista molti quori.*

Da
Cose leggere e vaganti
(1920)

Favoletta alla mia bambina

Non pianger bimba, non t'accrescer pene;
da sé ritorna, se torna, il tuo bene.

Un merlo avevo, coi suoi occhi d'oro
cerchiati, col palato e il becco d'oro;
cui di pinoli e di vermetti in serbo
nascondevo un tesoro.
Schivo con gli altri; con me, di ritorno
dalla scuola, festoso; e tutte, io dico,
intendere sapeva il caro amico
le mie parole; onde il dolce e l'acerbo
di due anni a lui dissi, a lui soltanto.
E un giorno mi fuggí; fuor del poggiolo
mi fuggí nella corte. Alto il mio pianto,
alto suonava; alle finestre intorno
corse la gente ad affacciarsi; invano
lo perseguivo, il caro nome invano
ripetevo; di tetto in tetto errando,
piú sempre in vista piccolo e lontano,
irridere pareva al grande mio
dolore, al disperato dolor mio.
Quel che ho sofferto non puoi bimba tu
saperlo; tutto era perduto; e quando
io non piangevo, io non speravo piú,

l'alato amico ritornò egli solo
alla sua casa, all'esca d'un pinolo.

Ritratto della mia bambina

La mia bambina con la palla in mano,
con gli occhi grandi colore del cielo
e dell'estiva vesticciola: «Babbo
– mi disse – voglio uscire oggi con te».
Ed io pensavo: Di tante parvenze
che s'ammirano al mondo, io ben so a quali
posso la mia bambina assomigliare.
Certo alla schiuma, alla marina schiuma
che sull'onde biancheggia, a quella scia
ch'esce azzurra dai tetti e il vento sperde;
anche alle nubi, insensibili nubi
che si fanno e disfanno in chiaro cielo;
e ad altre cose leggere e vaganti.

L'addio

Senz'addii m'hai lasciato e senza pianti;
    devo di ciò accorarmi?
Tu non piangevi perché avevi tanti,
    tanti baci da darmi.

Durano sí certe amorose intese
    quanto una vita e piú.
Io so un amore che ha durato un mese,
    e vero amore fu.

Mezzogiorno d'inverno

In quel momento ch'ero già felice
(Dio mi perdoni la parola grande
e tremenda) chi quasi al pianto spinse
mia breve gioia? Voi direte: «Certa
bella creatura che di là passava,
e ti sorrise». Un palloncino invece,
un turchino vagante palloncino
nell'azzurro dell'aria, ed il nativo
cielo non mai come nel chiaro e freddo
mezzogiorno d'inverno risplendente.
Cielo con qualche nuvoletta bianca,
e i vetri delle case al sol fiammanti,
e il fumo tenue d'uno due camini,
e su tutte le cose, le divine
cose, quel globo dalla mano incauta
d'un fanciullo sfuggito (egli piangeva
certo in mezzo alla folla il suo dolore,
il suo grande dolore) tra il Palazzo
della Borsa e il Caffè dove seduto
oltre i vetri ammiravo io con lucenti
occhi or salire or scendere il suo bene.

Forse un giorno diranno

Far cattiverie, dir qualche sciocchezza,
nulla al mondo è piú bello; quasi Dei
ci si sente. Ora m'odi, o mia dolcezza!

Forse un giorno diranno: «Ma chi era
questa Paolina, che le scrisse Saba
versi d'amore?» E penseranno ad una
strana creatura, assai da te diversa
fingendoti e da tutte. E tu, leggera
e vagante, che pensi tu che ai vivi
risponderei, se vivo io fossi? «Bella,
molto bella – direi – la Paolina;
ma, per quanto ricordo, poco all'altre
diversa che Trieste fan diletta.

E non aveva che la sua cosetta».

Commiato

Voi lo sapete, amici, ed io lo so.
Anche i versi somigliano alle bolle
di sapone; una sale e un'altra no.

Da
L'amorosa spina
(1920)

3.

Guarda là quella vezzosa,
guarda là quella smorfiosa.

Si restringe nelle spalle,
tiene il viso nello scialle.

O qual mai castigo ha avuto?
Nulla. Un bacio ha ricevuto.

7.

Come ho goduto tra la veglia e il sonno
    questa mattina!
Uomo ero ancora, ed ero la marina
    libera ed infinita.

Con le calme dorate e gli orizzonti
    lontani il mare.
Nel fondo ove non occhio può arrivare,
    e non può lo scandaglio,

una pietruzza per me, una cosina
    da nulla aveva.
Per lei sola fremeva ed arrideva
    l'azzurra immensità.

12.

Sovrumana dolcezza
io so, che ti farà i begli occhi chiudere
come la morte.

Se tutti i succhi della primavera
fossero entrati nel mio vecchio tronco,
per farlo rifiorire anche una volta,
non tutto il bene sentirei che sento
solo a guardarti, ad aver te vicina,
a seguire ogni tuo gesto, ogni modo
tuo di essere, ogni tuo piccolo atto.
E se vicina non t'ho, se a te in alta
solitudine penso, piú infuocato
serpeggia nelle mie vene il pensiero
della carne, il presagio

dell'amara dolcezza,
che so che ti farà i begli occhi chiudere
come la morte.

In riva al mare

Eran le sei del pomeriggio, un giorno
chiaro festivo. Dietro al Faro, in quelle
parti ove s'ode beatamente il suono
d'una squilla, la voce d'un fanciullo
che gioca in pace intorno alle carcasse
di vecchie navi, presso all'ampio mare
solo seduto; io giunsi, se non erro,
a un culmine del mio dolore umano.

Tra i sassi che prendevo per lanciare
nell'onda (ed una galleggiante trave
era il bersaglio), un coccio ho rinvenuto,
un bel coccio marrone, un tempo gaia
utile forma nella cucinetta,
con le finestre aperte al sole e al verde
della collina. E fino a questo un uomo
può assomigliarsi, angosciosamente.

Passò una barca con la vela gialla,
che di giallo tingeva il mare sotto;
e il silenzio era estremo. Io della morte
non desiderio provai, ma vergogna
di non averla ancora unica eletta,
d'amare piú di lei io qualche cosa
che sulla superficie della terra
si muove, e illude col soave viso.

Da
Preludio e canzonette
(1922-1923)

Il canto di un mattino

Da te, cuor mio, l'ultimo canto aspetto,
e mi diletto a pensarlo fra me.

Del mare sulla riva solatia,
non so se in sogno o vegliando, ho veduto,
quasi ancor giovanetto, un marinaio.
La gomena toglieva alla colonna
dell'approdo, e oscillava in mar la conscia
nave, pronta a salpare.
E l'udivo cantare,
per se stesso, ma sí che la città
n'era intenta, ed i colli e la marina,
e sopra tutte le cose il mio cuore:
« Meglio – cantava – dire addio all'amore,
se nell'amor non è felicità ».
Lieto appariva il suo bel volto; intorno
era la pace, era il silenzio; alcuno
né vicino scorgevo né lontano;
brillava il sole nel cielo, sul piano
vasto del mare, nel nascente giorno.

Egli è solo, pensavo; or dove mai
vuole approdar la sua piccola barca?
« Cosí, piccina mia, cosí non va »
diceva il canto, il canto che per via
ti segue; alla taverna, come donna
di tutti, l'hai vicino.
Ma in quel chiaro mattino
altro ammoniva quella voce; e questo
lo sai tu, cuore mio, che strane cose
ti chiedevi ascoltando: or se lontana
andrà la nave, or se la pena vana
non fosse, ed una colpa il mio esser mesto.
Sempre cantando, si affrettava il mozzo
alla partenza; ed io pensavo: È un rozzo
uomo di mare? O è forse un semidio?

Si tacque a un tratto, balzò nella nave;
chiara soave rimembranza in me.

CANZONETTA 5.   Le persiane chiuse

Sensazioni lontane
mi trafiggono il cuore;
un ricordo improvviso.

Alza, fanciulla, il viso;
e quanto avviene ascolta
che per te mi rammenti.

Sono da poco i venti
dell'inverno caduti;
ed ecco, un mezzogiorno,

della scuola al ritorno,
vasta misteriosa
penombra in casa trovo.

Tutto mi sembra nuovo
con lei nella mia casa;
tutto ha per me un incanto.

Tutto mi piace tanto
cosí: persone, oggetti.
Provo strana esultanza.

Tempo è che in ogni stanza
han messo le persiane
che la penombra fanno.

Il presagio mi dànno
esse delle vacanze,
della vicina estate.

Ore in mare beate
sogno, ghiacce bevande
dopo corse affannose;

monti, vallette ombrose
che non vidi, ma lessi
di lor, chiuso scolaro.

Ogni dolcezza imparo
cosí, solo sognando.
E una voce mi chiama.

Oh, quante cose brama
saper la cara voce!
Se parla, io le rispondo;

ma se so, mi nascondo
pure da lei che amo,
pur dalla madre mia.

Come al fondo tu sia
di ciò, forse ti chiedi.
Bimba, abbassa il tuo viso.

Il tuo seno diviso
da un'ombra queste cose
mi richiamò beate.

Mi richiamò beate
cose un virgineo seno,
care cose lontane.

CANZONETTA 7.   Il mendico

Andrei piú curvo per la via e piú mesto
quando tu mi lasciassi; altro che questo,
no, non creder, bambina.

Malinconia m'inclina
ai pensieri adoranti, alle dolcezze
del sogno, ad obliarmi in mute ebbrezze.

Di dubbi, d'amarissimi pensieri,
di te avevo, Chiaretta, ancora ieri
dentro di me la pena.

La via d'alberi amena
tra le case facevo, verso il basso
piú stretta ed affollata ad ogni passo.

Era mezza nel sol, mezza nell'ombra.
Cosa m'apparve che mi fece sgombra
l'anima del suo male.

Il piú triste mortale,
un mendico, m'apparve. Egli cantava,
appoggiato al compagno, e lento andava.

« Il paese – cantava – ove son nato
Livorno di Toscana vien chiamato ».
Al passante, all'ignoto,

fermando intorno il moto,
la sua storia poetava, il suo destino.
Il suo mestiere fu dell'imbianchino.

Il sette agosto del novantasei
– l'ora che nel tuo letto appena sei
desta, e mal desta sogni –

in quello come in ogni
altro giorno era andato a lavorare.
Una facciata doveva imbiancare.

E la pittura gli fece difetto,
e si sporse a chiamar dal parapetto
nella corte il garzone...

Accorsero persone;
fu a braccia all'ospedale trasportato;
e tre mesi – cantava – vi è restato.

Lacrimava una donna alla finestra
bassa della sua casa; ogni altra destra
piú dell'usato dava.

Sol cui e g l i donava
nulla gli porse per campar sua vita;
non feci io a lui la carità fiorita.

No. Troppe cose mi chiamava a mente
la chiara faccia, la voce dolente.
Io, fermo a una colonna,

un soldato, la donna,
tutto il mondo che udiva, e Dio, era amico.
Di te, di me m'obliai nel mendico.

CANZONETTA 8. L'incisore

Mi sogno io qualche volta
di fare antiche stampe.
È la felicità.

L'ora, il tempo che fa,
la stagione dell'anno
dicon l'albero, il muro.

Il dolce chiaroscuro,
la prospettiva ardita
son la delizia mia.

Com'è bella una via,
che lenta in prima, al mezzo
rapidissima ascende.

Desiderio mi prende
tosto di tratteggiarla,
fra luci ed ombre, in pace.

Di gioia il cor si sface
quando segno i passanti,
uno qua, l'altro in fondo.

Con non so che giocondo
ai fatti suoi va ognuno.
Quelli che vanno, vanno

in eterno; se stanno,
fra lor parlan per sempre.
Fuori d'un pianoterra,

nude le braccia, ferra
d'un cavallo la zampa
giovane maniscalco.

Io guardo il vero, e calco
qual è la dolce vita,
con qualche cosa ancora,

che dice: guarda e adora;
guarda se il mondo è bello,
se il tuo dolor non vale.

Quante (e il diletto è uguale)
quante altre cose ancora
io sulla lastra segno.

Anche interni disegno.
Una stanza: sue bianche
tendine agita il vento.

Là senza un pentimento
(o non sa ch'altri spia?)
giace fanciulla ignuda.

Nella luce che cruda
entra dalla finestra
scopre il dorso gentile.

E quel che ha un nome vile
è un'assai gentil cosa
nelle mie stampe accolta.

CANZONETTA 10.   Le quattro stagioni

L'infanzia è un verde prato.
Nello spazio infinito
sembra, al tempo eternale.

Là l'uomo e l'animale
sono una cosa sola
con l'erbe e l'alte piante.

Meraviglie son tante
quanti fra l'erba sparsi
fioretti l'agnel pasce.

Porta il sol quando nasce
l'allegra fame, e i lunghi
sonni al suo tramontare.

La giovanezza è un mare
tempestoso; mai pace
la tua barca vi trova.

Tende alla Terra nuova
il desiderio, a un mondo
che nessun piè ha calcato.

E quel ch'è sempre stato,
sempre sarà, ha in dispregio
la stanca anima ardente,

che disperatamente
sente da sé lontano
della vita il mattino.

Un lago cristallino
è la maturità;
una sosta, una pace,

un dolore che tace,
e tranquillo si crea
la giornata operosa.

Nella luce ogni cosa
splende; il già odiato vero
è la cosa perfetta.

Ama qual è Chiaretta:
come al fanciullo il tempo
sembra, a chi opra, eterno.

La vecchiezza è l'inverno,
spesso ai ricchi felice,
al povero tremendo.

Quei che in sua mano avendo
il suo tesoro, in vane
cure, qua e là, lo sperde;

anche quel poco perde
che a sé serbava, quando
la piú ardua età viene.

Ma chi accresce il suo bene,
chi lo sperde, oblia tutto
sotto un erboso prato.

Finale

L'umana vita è oscura e dolorosa,
e non è ferma in lei nessuna cosa.

Solo il passo del Tempo è sempre uguale.
Amor fa un anno come un giorno breve;
il tedio accoglier numerosi gli anni
può in una sola giornata; ma il passo
suo non sosta, né muta. Era Chiaretta
una fanciulla, ed ora è giovanetta,
sarà donna domani. E si riceve,
queste cose pensando, un colpo in mezzo
del cuore. Appena, a non pensarle, l'arte
mi giova; fare in me di molte e sparse
cose una sola e bella. E d'ogni male
mi guarisce un bel verso. Oh quante volte
– e questa ancora – per lui che nessuno
piú sa, né intende, sopra l'onte e i danni,

sono partito da Malinconia
e giunto a Beatitudine per via.

Autobiografia
(1924)

1.

Per immagini tristi e dolorose
passò la giovanezza mia infelice,
che l'arte ad altri ha fatto dilettose,
come una verde tranquilla pendice.

Tutto il dolor che ho sofferto non lice
dirlo, né voglion mie rime festose.
Amano esse chi in suo cuore dice:
Per rinascer torrei le stesse cose.

A viver senza il molto ambito alloro
fui forse il solo poeta italiano;
né questo ancor mi fa un'anima amara.

Quando un debole sono non m'accoro.
L'orgoglio è il mio piú buon peccato umano.
La mia giornata a sera si rischiara.

2.

Quando nacqui mia madre ne piangeva,
sola, la notte, nel deserto letto.
Per me, per lei che il dolore struggeva,
trafficavano i suoi cari nel ghetto.

Da sé il piú vecchio le spese faceva,
per risparmio, e piú forse per diletto.
Con due fiorini un cappone metteva
nel suo grande turchino fazzoletto.

Come bella doveva essere allora
la mia città: tutta un mercato aperto!
Di molto verde, uscendo con mia madre,

io, come in sogno, mi ricordo ancora.
Ma di malinconia fui tosto esperto;
unico figlio che ha lontano il padre.

3.

Mio padre è stato per me «l'assassino»,
fino ai vent'anni che l'ho conosciuto.
Allora ho visto ch'egli era un bambino,
e che il dono ch'io ho da lui l'ho avuto.

Aveva in volto il mio sguardo azzurrino,
un sorriso, in miseria, dolce e astuto.
Andò sempre pel mondo pellegrino;
piú d'una donna l'ha amato e pasciuto.

Egli era gaio e leggero; mia madre
tutti sentiva della vita i pesi.
Di mano ei gli sfuggí come un pallone.

«Non somigliare – ammoniva – a tuo padre».
Ed io piú tardi in me stesso lo intesi:
Eran due razze in antica tenzone.

4.

La mia infanzia fu povera e beata
di pochi amici, di qualche animale;
con una zia benefica ed amata
come la madre, e in cielo Iddio immortale.

All'angelo custode era lasciata
sgombra, la notte, metà del guanciale;
mai piú la cara sua forma ho sognata
dopo la prima dolcezza carnale.

Di risa irrefrenabili ai compagni,
e a me di strano fervore argomento,
quando alla scuola i versi recitavo;

tra fischi, cori, animaleschi lagni,
ancor mi vedo in quella bolgia, e sento
sola un'intima voce dirmi bravo.

5.

Ma l'angelo custode volò via,
e tacque in cuore quell'intima voce.
Tanto amavo una cosa quanto è ria.
Ogni veleno cercavo che nuoce.

Scuri pensieri con malinconia
mi dava l'ozio che a lascivia doce.
Quando rinacqui un'altra era la mia
anima, come un'altra la mia voce.

Dal fanciullo era nato il giovanetto,
ma triste ancora, ancor senza baldanza,
ed incerta ai suoi occhi era la mèta.

A sé e ad altri crudele, del suo letto
in un canto sedeva in buia stanza,
come chi finge una pena secreta.

6.

Ebbi allora un amico; a lui scrivevo
lunghe lettere come ad una sposa.
Per esse appresi che una grazia avevo,
e a tutti ancor, fuor che a noi due, nascosa.

Dolci e saggi consigli io gli porgevo,
e doni a tanta amicizia amorosa.
Sulle sue gote di fanciul vedevo
l'aurora in cielo dipinta di rosa.

Su quelle care chiome avrei voluto
por di mia mano l'alloro una sera
di gloria, e dir: Questo è l'amico mio.

Fede il destino a lui non ha tenuto,
o forse quale mi apparve non era.
Egli era bello e lieto come un dio.

7.

Era già il tempo d'amare; un giocondo
l'alba mi dava ed il vespro stupore.
Cosí cammina per le vie del mondo
chi veramente del mondo è signore.

Ai colli uscivo la sera o al rotondo
lido del mare, e mi diceva il cuore:
Dell'umana natura essere al fondo
pensavi, e invece ne sei quasi fuore.

Un poeta, di cui quando va il canto
per l'ampia Terra, si vede la gente,
pure a lui grata, volgersi per via,

a riguardarlo! Ed io son nato a tanto,
io qui su questo lido ora giacente.
È possibile, oh ciel, che questo sia?

8.

Cosí sognavo, e in ciel la vespertina
stella brillava presso al doce e bianco
spicchio lunare, e in grembo alla marina
si rifletteva, tremula. O uno stanco

esser credevo, al sole che vien manco
visibilmente, mia scialba mattina
paragonando. E piansi, e feci anco
pianger mia madre ad abbracciarmi china.

Voluto in parte, in parte era pur vero
il mio dolore. Ma che sia soffrire
lo seppi poi, quando un'idea improvvisa

mi strinse il cuore, m'occupò il pensiero
di mostri, insonne credevo impazzire.
E questo fu verso i vent'anni, a Pisa.

9.

Notte e giorno un pensiero aver coatto,
estraneo a me, non mai da me diviso;
questo m'accadde; nei terrori a un tratto
dell'inferno cader dal paradiso.

Come da questo spaventoso fatto
io non rimasi, ancor lo ignoro, ucciso.
Invece strinsi col dolore un patto,
l'accettai, con lui vissi viso a viso.

Vidi altri luoghi, ebbi novelli amici.
Strane cose da strani libri appresi.
Dopo quattro o cinque anni, a poco a poco,

non piú quei giorni estatici e felici
ebbi, mai piú; ma liberi, ed intesi
della vita e dell'arte ancora al gioco.

10.

Vivevo allora a Firenze, e una volta
venivo ogni anno alla città natale.
Piú d'uno in suoi ricordi ancor m'ascolta
dire, col nome di Montereale,

i miei versi agli amici, o ad un'accolta
d'ignari dentro assai nobili sale.
Plausi n'avevo, or n'ho vergogna molta;
celarlo altrui, quand'io lo so, non vale.

Gabriele d'Annunzio alla Versiglia
vidi e conobbi; all'ospite fu assai
egli cortese, altro per me non fece.

A Giovanni Papini, alla famiglia
che fu poi della «Voce», io appena o mai
non piacqui. Ero fra lor di un'altra spece.

II.

Me stesso ritrovai tra i miei soldati.
Nacque tra essi la mia Musa schietta.
In camerata, durante i sudati
giochi, nella prigione oscura e stretta,

pochi sonetti mi cantai, beati
di libertà, per un'appena detta
vena di nostalgia qua e là dorati,
volti a chi solo il tuo ritorno aspetta.

Ero come in un sogno m'hai sognato
tu, Lina, allora. E il sogno mi narravi
cosí che la tua lettera ho baciata.

«Marinaio in licenza eri tornato,
e con quanto entusiasmo mi parlavi
della tua vita a me meravigliata!»

12.

Ed amai nuovamente; e fu di Lina
dal rosso scialle il piú della mia vita.
Quella che cresce accanto a noi, bambina
dagli occhi azzurri, è dal suo grembo uscita.

Trieste è la città, la donna è Lina,
per cui scrissi il mio libro di piú ardita
sincerità; né dalla sua fu fin'
ad oggi mai l'anima mia partita.

Ogni altro conobbi umano amore;
ma per Lina torrei di nuovo un'altra
vita, di nuovo vorrei cominciare.

Per l'altezze l'amai del suo dolore;
perché tutto fu al mondo, e non mai scaltra,
e tutto seppe, e non se stessa, amare.

13.

Ero con lei quando il mio libro usciva,
il primo, e n'ebbi i primi disinganni.
Qualche porta qua e là vero s'apriva
alla mia Musa dai semplici panni;

ma niuno intese quale custodiva
letizia in cor di superati affanni;
nessuna voce alla collina udiva
di Montebello giungermi in quegli anni.

Di nuovo ero con lei quando a Bologna,
per quelle rosse anguste vie a me care,
la Serena cantai Disperazione.

Ed a Milano, dove non si sogna
d'arte felicemente, e me pensare
potevo già fra le spente persone.

14.

Ritornai con la guerra fantaccino.
Fui cattivo poeta e buon soldato:
vorrei ben dirlo! Ma non pur bambino
amavo contro il vero esser lodato.

Cantai di Zaccaria, cantai di Nino,
e d'altri figli del popolo amato.
Ma non piú dei miei giorni in sul mattino
troppo sotto alle cose son restato.

A Giorgio Fano, al buon Guido Voghera,
ai dolci amici di Trieste andava
l'anima da caserme e accampamenti.

Dell'Europa – pensavo – ecco, è la sera;
quella che a noi fanciulli s'annunciava
per gli estremi bagliori in lei fulgenti.

15.

Una strana bottega d'antiquario
s'apre, a Trieste, in una via secreta.
D'antiche legature un oro vario
l'occhio per gli scaffali errante allieta.

Vive in quell'aria tranquillo un poeta.
Dei morti in quel vivente lapidario
la sua opera compie, onesta e lieta,
d'Amor pensoso, ignoto e solitario.

Morir spezzato dal chiuso fervore
vorrebbe un giorno; sulle amate carte
chiudere gli occhi che han veduto tanto.

E quel che del suo tempo restò fuore
e del suo spazio, ancor piú bello l'arte
gli pinse, ancor piú dolce gli fe' il canto.

Da

Fanciulle

(1925)

4.

Questa che ancor se stessa ama su tutto
ha bei capelli d'oro,
e le riveste un oro
impalpabile il corpo come un frutto.

È bella quanto può cosí acerbetta
esser bella fanciulla.
Non è fatta di nulla
la sua grazia? Non è la mia Chiaretta?

Vedi come al sapore della lode
le s'imporpora il viso.
Io le dico: «Narciso».
Si specchia nell'ingiuria ella, e ne gode.

Fortunata creatura! Ma gli anni
mutano affetti e voglie,
e l'aerea una moglie
sarà, la madre dura negli affanni.

5.

Questa è la donna che un tempo cuciva
seduta alla finestra.
Nell'ago era maestra,
e l'occhio, l'occhio nella via fuggiva.

È la sartina. Ufficio oggi ha diverso,
e altrimenti è nomata.
Ma è pur la stessa. Amata
risana, langue se amore l'è avverso.

È la stessa. O mutata è sí, ma in parte
piccola veramente.
L'occhio un giorno sfuggente
oggi affissa. E di segni empie le carte.

Ma chi la vede per la via passare
sul ben calzato piede,
nella vita piú fede
sente, e in se stesso. E si volge a mirare.

Da

Cuor morituro
(1925-1930)

La vetrina

Sono a letto, ammalato. E gli occhi intorno
giro per la mia stanza. Oltre i lucenti
vetri un mobile antico a sé li chiama,
alle cose ch'esposte in lui si stanno.
Bianche stoviglie, ove son navi in blu
dipinte, un porto, affaccendate genti
intorno a quelle. Altre vi sono cose
ch'erano già nella materna casa,
cui guardo con rimorso oggi ed affanno,
e cosí lieto le guardavo un giorno,
che di nuove acquistarne avevo brama.
Ciascuna d'esse a un tempo mi richiama
che fu sí dolce, che per me non fu
tempo, che ancor non ero nato, ancora
non dovevo morire. Ed anche in parte
ero già nato, era negli avi miei
il mio dolore d'oggi. E in un m'accora
strano pensiero, che mi dico: Ahi, quanta
pace era al mondo prima ch'io nascessi;
e l'ho turbata io solo. Ed è un mendace
sogno; è questo il delirio, amiche cose.

Quanto un giorno v'ho amate, belle cose,
che siete là nella vetrina, e altrove
siete, nell'ombra e nel sole, ed oh quale
ho nostalgia di lasciarvi! Nel buio,
tornar nel buio dell'alvo materno,
nel duro sonno, onde piú nulla smuove,
non pur l'amore, soave tormento
sí, ma a me fatto intollerando. È il letto
questo in cui venni da quel caro buio,
molto piangendo, alla luce, alle cose
ond'ebber gioia i miei occhi. E mortale
non so che piú quel dí deprechi. E male
non ho che m'impauri, o è solo interno.
Come ogni notte, quando il lume spengo,

che agli occhi miei gravi di sonno apporta
esso fastidio, e metto il capo sotto
la coltre, e tutto a me stesso rinvengo,
tutto in me mi rannicchio, or sí vorrei
fare, e che piú per me non fosse giorno!
E sí tutto m'arride. Anche la gloria
viene; il suo bacio, ancor che tardo, io sento.

Del divino per me milleottocento
amate figlie, qui dalla lontana
Inghilterra venute, di voi dico,
pinte tazzine, vasellame usato
dagli avi miei laboriosi, al tempo
che la vita piú degna era e piú umana,
e molto prima che nascessi, io so
la vostra istoria, che ai vecchi la chiese
il poeta ch'è pio verso il passato.
Approdava ogni mese un bastimento
a questo porto di traffici amico,
con di voi sí gran copia che il mendico
come il ricco ne aveva. Aveva il tempo
fornito appena atroce guerra, e pace
era sui mari, ma non mai nel cuore
dell'uomo. Or voi nella vetrina state
che v'è coetanea, semplice, capace
di molte e belle forme. Ed io a guardarvi
non so, nel mio dolore, altro che morte
non so invocarmi. Non vissuto invano,
piú d'esser nato la sventura sento.

La brama

(Alla venerata memoria
del pittore Vittorio Bolaffio)

O nell'antica carne
dell'uomo addentro infitta
antica brama!

Illusione, menzogna,
vanità delle cose
che lei non sono, o lei
per non parere vestono diverse
forme, e son pur quest'una
in cui quanta dolcezza ha in sé il creato
la carne aduna.

Quanto ha l'uom vaneggiato
per te, feroce brama!
Nel notturno silenzio lo richiama
la tua voce, che prima è una carezza,
è, tra i pensieri e le cure, una brezza
in pomeriggio senza vento, e tuono
si fa ben tosto che assordante impera.
Ti riconosce colui che alla sera,
con lotta e pena, della vita è giunto;
ti riconosce e, per sfuggirti, morte
s'invoca; ahi, che da te
vorrebbe avere quella morte, antica
brama! E fuor del suo letto,
già profanato, nel disgusto balza,
e nell'orrore di se stesso, il fiero
giovanetto, che in cuore una vergogna
preme poi, com'è lungo il dí, e un rimorso.
Ma in questo ancora tu celi il tuo corso
sotterraneo, prepari il tuo ritorno
fatale nell'antica
carne dell'uomo senza scampo infitta
antica brama!

Con lui nata, che vale
ch'egli da sé ti scuota,

la piú mobile tu, tu la piú immota
fra le cose del mondo, antica brama!
Onnipresente, strani aspetti assumi,
ed or ti veli, ed or t'imponi in nuda
forma impudica.
Altro che te che ho detto
io nei modi dell'arte, che ho nascosto
altro che te, o svelato?
Quel che ai miei sensi ingrato
parso sarebbe senza te, e al mio alto
spirito in odio, quanto avrei siccome
di me indegno fuggito, ben cercato
l'ho per te, cupa brama.
Né maledirti ancor saprei, che troppo
sei me stesso, sei gli avi dei miei avi,
e dei miei figli i figli.
Ahi, che vorrebbe invano
rinnegare la vita
chi disse nei soavi
abbracciamenti, una sol volta disse
il « sí » cui persuadi
tu con grave dolcezza, o nell'antica
carne dell'uomo troppo addentro infitta
antica brama!

Quando l'autunno
ogni foglia colora
del suo rosso di sangue, il cor tu affanni
come un monito estremo, antica brama.
Metti il rimpianto dei giorni perduti,
delle imprese lasciate,
delle cose che avrebbero potuto
essere e che non sono,
e nell'uomo caduco
come le foglie
metti indistinte voglie
di vincere la tomba, o generante
brama! E per quali vie,
per quali accorgimenti
a questo giungi, o causa
tu del mio male, ed anche,
sí, del mio bene; che per te ora vedo
gente andare e venire,

alte navi partire,
del vasto mondo farsi
per te sola una cosa, o nell'antica
carne dell'uomo dall'inizio infitta
antica brama!

Quando ritorna
primavera che l'aria
raddolcisce, tu d'ansia il cor mi stringi,
di te lo ammali sul far della sera.
Covi lascivie nell'inverno, in sogni
mostruosi la calda estate stagni.
E talvolta ti lagni
pietosamente in sguardi ed in parole,
come fa il bimbo tenero e sperduto
che un bacio implora.
Tale alcuno t'accolse
nei suoi giovani anni, or sí altra cosa
in sé ti sente,
che vorrebbe, di dosso
per scuoterti una volta,
la tenebra aver tolta
e non la luce, il giorno che alla luce
venne, con nella nuova
carne te antica brama
sí addentro infitta.

Con gli amici talvolta
di te gioco mi prendo, assidua brama.
E v'ha tra questi uno a me caro, triste
fra i tristi, e nell'aspetto
dalla vita il piú domo.
Gioie non ha, ch'io sappia,
da te, ma lutto d'uomo.
Devotamente egli la mano stende,
che d'ansia trema, a colorir sue tele.
Sopra vi pinge vele
nel sole, accesi incontri
di figure, tramonti sulle rive
del mare e a bordo, e su ogni cosa un lume
di santità, che dal suo cuore viene
e in altrui si riflette.
Di te nulla egli mette

nell'arte sua di fanciullo, del tutto
di te pare innocente. Or quegli in lunghe
ore d'insonnia, per interi inverni
che la sua mano un segno
piú non osa, non vecchio ancor, ma curvo
come un vecchio, per te egli sogna cose
quali poi spaventose
gli sarebbero a udire, o nell'antica
carne dell'uomo per suo strazio infitta
antica brama!

Il borgo

Fu nelle vie di questo
Borgo che nuova cosa
m'avvenne.

Fu come un vano
sospiro
il desiderio improvviso d'uscire
di me stesso, di vivere la vita
di tutti,
d'essere come tutti
gli uomini di tutti
i giorni.

Non ebbi io mai sí grande
gioia, né averla dalla vita spero.
Vent'anni avevo quella volta, ed ero
malato. Per le nuove
strade del Borgo il desiderio vano
come un sospiro
mi fece suo.

Dove nel dolce tempo
d'infanzia
poche vedevo sperse
arrampicate casette sul nudo
della collina,
sorgeva un Borgo fervente d'umano
lavoro. In lui la prima
volta soffersi il desiderio dolce
e vano
d'immettere la mia dentro la calda
vita di tutti,
d'essere come tutti
gli uomini di tutti
i giorni.

La fede avere
di tutti, dire
parole, fare
cose che poi ciascuno intende, e sono,
come il vino ed il pane,
come i bimbi e le donne,
valori
di tutti. Ma un cantuccio,
ahimè, lasciavo al desiderio, azzurro
spiraglio,
per contemplarmi da quello, godere
l'alta gioia ottenuta
di non esser più io,
d'essere questo soltanto: fra gli uomini
un uomo.

Nato d'oscure
vicende,
poco fu il desiderio, appena un breve
sospiro. Lo ritrovo
– eco perduta
di giovanezza – per le vie del Borgo
mutate
più che mutato non sia io. Sui muri
dell'alte case,
sugli uomini e i lavori, su ogni cosa,
è sceso il velo che avvolge le cose
finite.

La chiesa è ancora
gialla, se il prato
che la circonda è meno verde. Il mare,
che scorgo al basso, ha un solo bastimento,
enorme,
che, fermo, piega da una parte. Forme,
colori
vita onde nacque il mio sospiro dolce
e vile, un mondo
finito. Forme,
colori,
altri ho creati, rimanendo io stesso,
solo con il mio duro

patire. E morte
m'aspetta.

Ritorneranno,
o a questo
Borgo, o sia a un altro come questo, i giorni
del fiore. Un altro
rivivrà la mia vita,
che in un travaglio estremo
di giovanezza, avrà pur egli chiesto,
sperato,
d'immettere la sua dentro la vita
di tutti,
d'essere come tutti
gli appariranno gli uomini di un giorno
d'allora.

Tre punte secche

1. *Favoletta*

Il cane,
bianco sul bianco greto,
segue inquieto
un'ombra,

la nera
ombra d'una farfalla,
che su lui gialla
volteggia.

Ignara
ella del rischio, a scorno
gli voli intorno
parrebbe.

Ignara
gli viene, o astuta, addosso.
Egli di dosso
la scuote,

e volgesi
vorace all'ombra vana,
che si allontana
dal greto,

e sopra
un fiore, a suo costume,
rinchiude il lume
dell'ali.

Sappiate,
dilettissimi amici,
che nei felici
miei giorni,

ai giorni
che il mio, oggi arido, cuore
era all'amore
rinato,

anch'io,
con preda piú stupenda,
ebbi vicenda
uguale.

Ed era
bella! L'ultima cosa
che in me di rosa
si tinse.

Ed io,
io le lasciai sua vita;
io ne ho ghermita
un'ombra.

Sapevo
– sconsolata dolcezza –
ch'era saggezza
umana.

2. *Il caffelatte*

Amara
si sente. Quanto
piú bramerebbe è quanto
non ha.

Bramerebbe, adorata
bambina,
potersi ancora un poco addormentare,
un poco
sognare ancora ad occhi aperti. Poi
che piano piano entrasse una servente
antica, alla sua culla
devota,

che porge in tazza grata
bevanda.
Il latte vi ha sapor di menta alpina,
il nero
caffè un aroma d'oltremare. Invece
sta presso il letto la sua madre arcigna,
domestica miscela
le impone.

Bramerebbe, levata
sul tardi,
avere una stanzetta ove la vita
non entra
che come un vago sussurro. Una dolce
poltrona, un libro ad aspettarla sono;
un pensiero che tace
v'è forse.

Invece, con l'usata
rampogna,

a lei fa fretta l'amata voce,
temuta
come il castigo sotto il quale, è un anno,
tra bianche coltri altro bianco scopriva.
Il non suo caffelatte
giú manda.

Amara
si leva. E sente
che torna lentamente
felice.

3. *Colloquio*

« Il cane
come all'aspetto
in ogni affetto
è nudo.

È meno
e piú che umano,
da me lontano,
ahi tanto!

Il dubbio
lo tocca appena;
con breve pena
risolve.

L'offerta,
conforme piace,
lento o vorace
abbocca.

E quanto
è a lui nocente
subito sente
e sdegna.

In pace
talvolta e in guerra,
egli pur erra
qual uomo;

e cedere
deve al piú forte,
come alla sorte
nemica.

Ne ha il danno,
non mai vergogna,
e tosto agogna
ad altro.

Un dio,
di', non ti sembra,
già dalle membra
perfetto?»

Si accende,
parte il tuo riso,
come improvviso
un razzo.

Illumina
la tua certezza,
e la bellezza
d'un volto.

Mi scopre
fragile foglia
nella mia spoglia
umana.

Eros

Sul breve palcoscenico una donna
fa, dopo il Cine, il suo numero.
                              Applausi,
a scherno credo, ripetuti.
                            In piedi,
del loggione in un canto, un giovanetto,
mezzo spinto all'infuori, coi severi
occhi la guarda, che ogni tratto abbassa.
È fascino? È disgusto? È l'una e l'altra
cosa? Chi sa? Forse a sua madre pensa,
pensa se questo è l'amore. I lustrini,
sul gran corpo di lei, col gioco vario
delle luci l'abbagliano. E i severi
occhi riaperti, là piú non li volge.
Solo ascolta la musica, leggera
musichetta da trivio, anche a me cara
talvolta, che per lui si è fatta, dentro
l'anima sua popolana ed altera,

una marcia guerriera.

Il canto dell'amore
(Una domenica dopopranzo al cinematografo)

Amo la folla qui domenicale,
che in se stessa rigurgita, e se appena
trova un posto, ammirata sta a godersi
un poco d'ottimismo americano.

Sento per lei di non vivere invano,
di amare ancora gli uomini e la vita.
E le lacrime salgono ai miei occhi,
e mi canta nel cuore una canzone:

«Di', non ricordi una maglia arancione,
e dello stesso colore un berretto,
che la faceva simile a un'arancia?
Di', non ricordi la piccola Erna?»

È ancora viva la piccola Erna;
anzi è piú viva e piú allegra d'allora.
Io la credevo altrove, e qui non sola
la vidi, e in compagnia per me non bella.

«Ero – mi disse poi – con mia sorella
e col suo sposo». Ed io non t'ho creduto.
O buona, o cara, o piccola bugiarda,
mai t'ho creduto. E di crederti ho finto.

Fummo, un poco, infelici. E quando estinto
lo credi, il cuore a battere ritorna.
E mai non batte cosí come quando
a lui morto cantavi un miserere.

Non sono cose dolcissime e vere
che ho dette? E non son forse io un solitario?
Ed un poeta? E insieme anche qualcosa
d'altro e di meglio? Or questo a che mi vale?

Se questa folla qui domenicale
mi fosse estranea, mi fosse remota,
un cimbalo sarei che senza grazia
risuona, un'eco vana che si perde.

Preghiera per una fanciulla povera

Erna, strana fanciulla, oscura come
la grazia.
                Un giovane
l'amava, ed ella non poteva dargli,
per quanta pena gli facesse, un bacio.
Li dava a molti i dolci baci, a quello
che la pregava piangendo, nessuno.
Di lui fu sorte ammalarsi (da tempo
era senza lavoro, era da tempo
anche a sé un peso) e la fanciulla, finta
un'improvvisa passione, la bocca
dipinta
giungeva a quella del morente.
                                    Forse
ella può ancora guarire. Ma dove
cosa le accada di cui teme il freddo
questa fanciulla povera, Signore;
dove apparirti ella dovesse viso
a viso,

apri le porte del tuo paradiso.

Eleonora

Ero entrato davvero in agonia.
Una nuvola avevo innanzi agli occhi,
e il cor batteva lugubri rintocchi.
Mancar credevo, di colpo, per via.

Forse non era che malinconia.
Ma cosí orrenda, ma cosí... Lasciamo.
Non voglio dire cose che non amo,
che fanno pena. Voglio dire invece

come da quella morte a campar fece
l'anima mia, come da quel sí nero
flutto emerse il mio capo. Un buon pensiero
mi venne, un buon pensiero veramente.

Ed ubbidirgli non costava niente
dolore a me, niente dolore altrui.
Senza quasi volerlo, al luogo fui
dove, ai miei lenti passi, m'ha portato.

Là nella sua prigione – e par beato –
gorgheggia un merlo. Alla parete è appesa
la gabbia; egli, una lampadina accesa
col sol scambiando, fa il suo canto udire.

Là una fanciulla ti viene a servire,
del padre ancora e della madre amante.
O puro amore, o grazia folleggiante!
Ella ha un nome dolcissimo: Eleonora;

e un viso ancor piú dolce, di pastora.

*

A un uomo in agonia
davi conforto tu.
Non scorderò mai piú
questo, Eleonora mia.

È in te non so qual cosa:
una dolcezza strana,
oggi in creatura umana
quasi misteriosa.

Io non so s'altri scerna
quello che in te ho veduto.
Un angelo ho veduto
servire alla taverna.

Che pace in cor si spande
a vederti girare
fra i tavoli, portare
leggera le vivande.

Tuo corpicciolo intatto
porti fra l'ebbra gente;
accorri obbediente
bimba materna in atto.

Chi mi dava, e lo ignora,
nell'agonia conforto?
Senza chi sarei morto
ieri a sera, Eleonora?

Non è questo un amore,
lo so. È qualcosa d'altro,
che custodire scaltro
saprò dentro il mio cuore.

Da padre e madre come
ti venne il tuo sorriso,

ed il tuo dolce viso,
dolce come il tuo nome?

E lo sguardo che invano
mi chiedeva: Chi sei?
Io baciata t'avrei
la portatrice mano.

Io ti davo – o beata! –
appena una moneta.
Non volevi, poi lieta
l'hai nel palmo serrata

della mano; e una danza
il tuo passo pareva,
che fra noi due metteva
eterna lontananza.

Un uomo in agonia
hai confortato tu.
Non ti scordar mai piú
questo, Eleonora mia.

Preghiera alla madre

Madre che ho fatto
soffrire
(cantava un merlo alla finestra, il giorno
abbassava, sí acuta era la pena
che morte a entrambi io m'invocavo)
                                        madre
ieri in tomba obliata, oggi rinata
presenza,
che dal fondo dilaga quasi vena
d'acqua, cui dura forza reprimeva,
e una mano le toglie abile o incauta
l'impedimento;
presaga gioia io sento
il tuo ritorno, madre mia che ho fatto,
come un buon figlio amoroso, soffrire.

Pacificata in me ripeti antichi
moniti vani. E il tuo soggiorno un verde
giardino io penso, ove con te riprendere
può a conversare l'anima fanciulla,
inebbriarsi del tuo mesto viso,
sí che l'ali vi perda come al lume
una farfalla. È un sogno,
un mesto sogno; ed io lo so. Ma giungere
vorrei dove sei giunta, entrare dove
tu sei entrata
               – ho tanta
gioia e tanta stanchezza! –
                            farmi, o madre,
come una macchia dalla terra nata,
che in sé la terra riassorbe ed annulla.

Da
Preludio e fughe
(1928-1929)

Preludio

Oh, ritornate a me voci d'un tempo,
care voci discordi!
Chi sa che in nuovi dolcissimi accordi
io non vi faccia risuonare ancora?

L'aurora
è lontana da me, la notte viene.
Poche ore serene
il dolore mi lascia; il mio e di quanti
esseri ho intorno.
Oh, fate a me ritorno
voci quasi obliate!

Forse è l'ultima volta che in un cuore
– nel mio – voi v'inseguite.
Come i parenti m'han dato due vite,
e di fonderle in una io fui capace,

in pace
vi componete negli estremi accordi,
voci invano discordi.
La luce e l'ombra, la gioia e il dolore
s'amano in voi.
Oh, ritornate a noi
care voci d'un tempo.

Prima fuga

(a 2 voci)

La vita, la mia vita, ha la tristezza
del nero magazzino di carbone,
che vedo ancora in questa strada. *Io vedo,*
per oltre alle sue porte aperte, il cielo
azzurro e il mare con le antenne. Nero
come là dentro è nel mio cuore; il cuore
dell'uomo è un antro di castigo. *È bello*
il cielo a mezzo la mattina, è bello
il mar che lo riflette, e bello è anch'esso
il mio cuore: uno specchio a tutti i cuori
viventi. Se nel mio sguardo, se fuori
di lui, non vedo che disperazione,
tenebra, desiderio di morire,
cui lo spavento dell'ignoto a fronte
si pone, tutta la dolcezza a togliere
che quello in sé recherebbe. *Le foglie*
morte non fanno a me paura, e agli uomini
io penso come a foglie. Oggi i tuoi occhi,
del nero magazzino di carbone,
vedono il cielo e il mare, al contrasto,
piú luminosi: pensa che saranno
chiusi domani. *Ed altri s'apriranno,*
simili ai miei, simili ai tuoi. La vita,
la tua vita a te cara, è un lungo errore,
(*breve, dorato, appena un'illusione!*)
e tu lo sconti duramente. *Come*
in me in questi altri lo sconto: persone,
mansi animali affaticati; intorno
vadano in ozio o per faccende, io sono
in essi, ed essi sono in me e nel giorno
che ci rivela. Pascerti puoi tu
di fole ancora? Io soffro; il mio dolore,
lui solo, esiste. *E non un poco il blu*
del cielo, e il mare oggi sí unito, e in mare
le antiche vele e le ormeggiate navi,

e il nero magazzino di carbone,
che il quadro, come per caso, incornicia
stupèndamente, e quelle più soavi
cose che in te, del dolore al contrasto,
senti – accese delizie – e che non dici?
Troppo temo di perderle; felici
chiamo per questo i non nati. *I non nati*
non sono, i morti non sono, vi è solo
la vita viva eternamente; il male
che passa e il bene che resta. Il mio bene
passò, come il mio male, ma più in fretta
passò; di lui nulla mi resta. *Taci,*
empie cose non dire. Anche tu taci,
voce che dalla mia sei nata, voce
d'altri tempi serena; se puoi, taci;
lasciami assomigliare la mia vita
– tetra cosa opprimente – a quella nera
volta, sotto alla quale un uomo siede,
fin che gli termini il giorno, e non vede
l'azzurro mare – *oh, quanta in te provavi*
nel dir dolcezza! – e il cielo che gli è sopra.

Terza fuga

(a 2 voci)

Mi levo come in un giardino ameno
un gioco d'acque;
che in un tempo, in un tempo piú sereno,
mi piacque.

Il sole scherza tra le gocce e il vento
ne sparge intorno;
ma fu il diletto, il diletto ora spento
d'un giorno.

Fiorisco come al verde Aprile un prato
presso un ruscello.
Chi sa che il mondo non è che un larvato
macello,

come può rallegrarsi ai prati verdi,
al breve Aprile?
Se tu in un cieco dolore ti perdi,
e vile,

per te mi vestirò di neri panni,
e sarò triste.
La mia tristezza non farà ai tuoi danni
conquiste.

Ascolta, Eco gentile, ascolta il vero
che viene dietro,
che viene in fondo ad ogni mio pensiero
piú tetro.

Io lo so che la vita, oltre il dolore,
è piú che un bene.
Le angosce allora io ne dirò, il furore,
le pene;

che sono la tua Eco, ed il segreto
è in me delle tue paci.
Del tuo pensiero quello ti ripeto
che taci.

Quarta fuga

(a 2 voci)

Sotto l'azzurro soffitto è una stanza
meravigliosa a noi viventi il mondo.
A guardarla nei cuori la speranza
e la fede rinasce. Da un profondo

carcere ascolto. *Tutto in lei risplende,*
nuovo e antico: ogni vita al suo cammino
prosegue lieta, e ad altro piú non tende
che ad esser quale ti appare. Il destino

fu cieco e sordo: io dentro una segreta
mi chiusi, dove l'un l'altro tortura
nell'odio e nel disprezzo. *E chi ti vieta*
d'uscirne, e qui goder con noi la chiara

luce del giorno? Oh tu, che troppo sai
farti del mondo una bella visione,
hai mai sofferto di te stesso? *Oh assai,*
oh al di là di ogni immaginazione!

Sesta fuga
(a 3 voci)

1) Io non so piú dolce cosa
   dell'amore in giovanezza,
   di due amanti in lieta ebbrezza,
   di cui l'un nell'altro muore.

   Io non so piú gran dolore
   ch'esser privo di quel bene,
   e non porto altre catene
   di due braccia ignude e bianche,

   che se giú cadono stanche
   è per poco, è a breve pace.
   Poi la sua bocca che tace,
   tutto in lei mi dice: ancora.

   Spunta in ciel la rosea aurora,
   ed il sonno ella ne apporta,
   che a goder ci riconforta
   della grande unica cosa.

2) Io non so piú dolce cosa
   dell'amore; ma piú scaltro,
   ma di te piú ardente, è un altro
   che a soffrir nato mi sento.

   Non la gioia, ma il tormento
   dell'amore è il mio diletto;
   me lo tengo chiuso in petto,
   la sua immagine in me vario.

   E cammino solitario
   per i monti e per i prati,
   con negli occhi imprigionati
   cari volti, gesti arcani.

Mi dilungo dagli umani:
profanar temo repente
quella ch'è nella mia mente
una tanto dolce cosa.

3) Io non so piú dolce cosa
di pensarmi. Il puro amore
di cui ardo, dal mio cuore
nasce, e tutto a lui ritorna.

Quando annotta e quando aggiorna
io mi beo d'esser me stessa.
È la cura mia indefessa
adornarmi per me sola.

La mia voce in alto vola,
scende al basso; il male e il bene
tutto è puro quando viene
all'azzurra mia pupilla,

come a un'acqua che tranquilla,
coi colori della sera,
specchia i monti, la riviera,
i viventi, ogni lor cosa.

1) Io non so piú dolce cosa
dell'ascosa mia dimora,
in cui tutto annuncia un'ora,
in cui tutto la ricorda.

Dentro come tomba è sorda,
non le giungono rumori;
vi riflettono splendori
del dí vetri pinti ad arte.

D'Oriente in lei v'è parte
per i miei lunghi riposi;
per i giochi gaudiosi
ampio ha il talamo e profondo.

Tutto il bello che nel mondo
prende e alletta gli occhi tuoi,

là raccolto veder puoi
per la grande unica cosa.

2) Io non so piú dolce cosa
dell'ascosa mia stanzetta,
sempre in vista a me diletta,
nuda come una prigione.

Poche cose vi son, buone
sol per me, per la mia vita.
I rumori della vita
giungon sí, ma di lontano.

Tutto quanto al mondo è vano,
che mal dura e mal s'innova,
spazio amico in lei ritrova
qual pulviscolo in un ciglio.

Là in un canto è il mio giaciglio,
quasi il letto d'un guerriero.
Con me giace il mio pensiero,
la mia grande unica cosa.

3) Io non so piú dolce cosa,
né dimora altra mi piace,
che vagar nella mia pace,
come nube in cielo vasto.

A me stessa, è vero, basto,
non mi punge alcuna brama;
pure amar posso chi m'ama,
e investirlo del mio fuoco.

Voi m'udite ora; fra poco
chi sarà da me beato?
Forse un misero cascato
fino al fondo giú dell'onta.

Una grazia piena e pronta
gli fa impeto nel cuore;
trasfigura il suo dolore
nella grande unica cosa.

1) Io non so piú dolce cosa
   dell'amore in giovanezza;
   pur v'ha, dicono, un'ebbrezza
   che sta sopra anche di quella.

   Non per me che in una bella
   forma appago ogni desio,
   ma per chi si sente a un dio
   nel volere assomigliante.

   Non fanciulla, non amante
   – vivo grappolo autunnale –
   la dolcezza per lui vale
   di piegarti al suo destino.

   E si taglia egli un cammino
   tra gli ignavi e tra gli ostili.
   Pei tuoi sogni giovanili
   io non so piú grande cosa.

2) Io non so piú grande cosa
   di chi, al cenno altrui soggetto,
   sente d'essere un eletto
   all'interna libertà.

   E non ha felicità
   che non venga a lui da questo.
   Non t'inganni il suo esser mesto,
   il suo aspetto non t'inganni.

   Fra i tormenti, negli affanni
   propri solo alla sua sorte,
   solo a lui s'apron le porte
   d'un occulto paradiso.

   Là uccisor non v'è, né ucciso,
   e non torbida demenza.
   Dalla mesta adolescenza
   io non so piú lieta cosa.

3) Io non so piú lieta cosa
   del sereno in cui mi godo.

Pure quando parlar v'odo,
e parlando vaneggiare,

la mia pace vorrei dare
per la vostra, oh lo potessi!
Ma dai limiti concessi
non c'è dato, o cari, uscire.

Folle amore, orgoglio d'ire,
paradiso me non tocca.
Se baciarmi sulla bocca
fosse lecito a un mortale,

proverebbe un senso, quale
della morte è forse il gelo:
tanto azzurro è in me di cielo,
tanto in me brucia l'amore.

1) Io non so piú caldo amore
dell'amor di questa terra,
quando tutta al cor la serra
nell'abbraccio il suo fedele.

Come pomo sa di miele
e d'acerbo al mio palato;
se un amaro v'è mischiato
è perché mai me ne sazi.

Se i tormenti, se gli strazi
che tu esalti, mi prepara,
quale ho mai cosa piú cara
della sola che possiedo?

Ma mi guardo intorno, e vedo
altro ancor che strazio e lutto
sulla terra, dove al frutto
morde ognun del caldo amore.

2) Io non so piú cieco amore
dell'amore della vita.
Nella mia stanza romita;
passeggiando solitario;

da un delirio unico e vario
tutta notte posseduto,
quante, quante volte ho avuto
il pensiero io di lasciarla!

Te felice se puoi darla
del tuo amor nei rischi avvolto;
piú felice ancora, e molto,
chi a gettarla si fa un vanto;

chi la getta come un guanto
al destino che disprezza.
Ah, perché la giovanezza
della morte ha in sé l'amore?

3) Io non so di questo amore,
io non so di questa morte:
immutabile è la sorte
conceduta alla mia gioia.

Ch'altri viva, ch'altri muoia
il pensiero in me non nacque.
A crearmi si compiacque
forse un'anima in un sogno.

Forse un'anima in un sogno
cosí bella mi creava,
con la mente al bene schiava,
con l'azzurra mia pupilla,

come un'acqua che tranquilla
tutto specchia e nulla offende.
Ah, perché tra voi mi prende
desiderio d'altra cosa?

1) Io non so piú dolce cosa
del presente. Ai dí remoti
mi smarrivo anch'io in ignoti
desideri, ora non piú.

Voglio il bene, e nulla piú,
di cui possa uomo godere.

Belle forme amo vedere,
possederle amo piú ancora.

La bellezza m'innamora,
e la grazia m'incatena;
e non soffro un'altra pena,
se non è di ciò l'assenza.

Alla mesta adolescenza
ho lasciati i sogni vani.
Esser uomo tra gli umani,
io non so piú dolce cosa.

2) Io non so piú dolce cosa,
   né piú amara a chi n'è privo.
   Nel presente appena vivo,
   vedo piú ch'altri non vede.

Beni a cui nessuno crede
mi sorridono al pensiero.
Tutto il mondo un cimitero,
senza quelli mi diventa.

Tutta in me la gioia è spenta,
sana gioia in cui t'esalti.
Troppo bassi son, tropp'alti
forse i sogni che altrui taccio?

Ahi, sognando io mi disfaccio;
notti ho insonni e giorni vani.
Esser uomo tra gli umani,
no, non v'è piú dolce cosa.

3) Io non so piú dolce cosa
   che potermi in voi mutare,
   solo un'ora; ma tornare
   potrei dopo alla mia pace?

Sarei dopo ancor capace
di adornarmi per me sola?
La delizia che s'invola
chi sa mai se si riacquista?

Io che vedo e non son vista,
se soffrir potessi il morso
della brama, forse il corso
qui piú a lungo avrei fermato.

Forse avrebbe uno ascoltato
sul mio labbro accenti vani:
ch'esser uomo tra gli umani
parve a me una dolce cosa.

1) Io non so piú dolce cosa
della dolce giovanezza.
Fino il vento l'accarezza
sulla gota, o poco punge.

Se la gloria a lei s'aggiunge
sommo è il bene che in te rechi.
A me basta udirne gli echi,
berne a lungo le parole.

Giovanezza in me si duole
solo d'esser fuggitiva.
Altra pena non ho viva,
fuori questa, nel mio cuore.

E obliarla dell'amore
anche appresi nell'incanto.
Rattristare in te di pianto
come puoi sí breve cosa?

2) Io non so piú breve cosa
della dolce giovanezza.
Di me forse piú l'apprezza
chi è già giunto alla sua sera.

Della gloria menzognera
non ascolto io la lusinga.
Bella ogni altri se la finga,
io il suo fascino ho in me estinto.

Amo sol chi in ceppi avvinto,
nell'orror d'una segreta,

può aver l'anima piú lieta
di chi a sangue lo percuote.

Bagna il pianto le sue gote,
cresce in cor la strana ebbrezza.
Per lui prova giovanezza
la sua grazia anche ai supplizi.

3) Non mi nego ai tuoi supplizi,
   non ho in odio i tuoi piaceri;
   non so come, i miei pensieri
   si smarriscono nei vostri.

   Per la fede che mi mostri,
   tu a una gioia, e tu a un dolore,
   se mortal fosse il mio cuore
   di lui quanto vorrei darvi!

   Pur son lieta di mirarvi,
   e l'udirvi anche m'è caro.
   Per voi provo un dono raro,
   del diamante la virtú;

   che in bei gialli, in rossi, in blu,
   quando a un raggio di sol brilla,
   lo splendor nativo immilla;
   e non so piú dolce cosa.

1) Io non so piú dolce cosa
   di ascoltarti, chiara voce.
   Ma se nulla a te non nuoce,
   ecco, esaudi quanto chiedo.

   Te che ascolto e che non vedo
   sei, celata, una fanciulla?
   Se tal sei, dalla tua culla
   d'aria scendi al mio richiamo.

   La tua faccia veder bramo,
   senza lei m'è il giorno oscuro.
   Tanto bella io ti figuro
   come dolce a udirti sei.

La tua bocca io bacerei,
tenerezza che tu ignori.
Uno fare di due ardori,
io non so piú dolce cosa.

2) Io non so piú dolce cosa,
   né piú vana, amico errante.
   Parla un angelo, e un amante
   in lui pinge il tuo desio.

   Oh t'inchina invece al mio,
   che di solo udirti ho sete.
   D'onde vieni, a quali mète
   sei rivolta, io dir ti prego.

   All'abbraccio te non lego
   d'un mortale, aereo fuoco.
   Ma dimora ancora un poco
   qui con noi, fra terra e cielo.

   Forse invan mirarti anelo?
   Non hai corpo, non hai viso;
   non sei forse che un sorriso.
   Parla, amica, oh parla ancora!

3) Parla tu, gentile, ancora,
   se di udirmi ancora agogni.
   Non m'hai forse nei tuoi sogni
   prima d'ora mai raggiunta?

   Quando in ciel l'aurora spunta?
   Nella veglia che beata
   chiama questi, e n'ha celata
   la sua nausea egli, il disgusto.

   Nata son dal suo disgusto,
   nata son dal tuo tormento:
   tanto viva esser mi sento
   quanto amate il viver mio.

   Ma se voi tacete, anch'io,
   ecco, in aere mi risolvo;

con voi libera m'evolvo,
muoio libera con voi.

Ottava fuga
(a 2 voci)

Sono una fogliolina appena nata,
e intenerisco ai giovanetti il cuore.
Son la fresca vernice d'un vapore
che fischia per salpar la prima volta.

La dolcezza di muovermi m'è tolta,
se non è al venticello della sera.
Duolmi lasciarti, affollata riviera,
dove con esso anch'io venni ammirata.

Oh potessi seguirti! Oh te beata
che «devi» rimanere! *E tu, potendo,*
non partiresti? Non lo so. M'attendo,
come il giovane mozzo alla sua prima

prova, veder di grandi cose. *In cima*
del mio ramo attaccata, io ti saluto.
Io, se ritorno, quello che ho veduto,
ed altro ti dirò, foglia bennata.

Primo Congedo

Dalla marea che un popolo ha sommerso,
e me con esso, ancora
levo la testa? Ancora
ascolto? Ancora non è tutto perso?

Secondo Congedo

O mio cuore dal nascere in due scisso,
quante pene durai per uno farne!
Quante rose a nascondere un abisso!

Da
Il piccolo Berto
(1929-1931)

Tre poesie alla mia balia

I.

Mia figlia
mi tiene il braccio intorno al collo, ignudo;
ed io alla sua carezza m'addormento.

Divento
legno in mare caduto che sull'onda
galleggia. E dove alla vicina sponda
anelo, il flutto mi porta lontano.
Oh, come sento che lottare è vano!
Oh, come in petto per dolcezza il cuore
vien meno!

Al seno
approdo di colei che Berto ancora
mi chiama, al primo, all'amoroso seno,
ai verdi paradisi dell'infanzia.

2.

Insonne
mi levo all'alba. Che farà la mia
vecchia nutrice? Posso forse ancora
là ritrovarla, nel suo negozietto?
Come vive, se vive? E a lei m'affretto,
pure una volta, con il cuore ansante.

Eccola: è viva; in piedi dopo tante
vicende e tante stagioni. Un sorriso
illumina, a vedermi, il volto ancora
bello per me, misterioso. È l'ora
a lei d'aprire. Ad aiutarla accorso
scalzo fanciullo, del nativo colle
tutto improntato, la persona china
leggera, ed alza la saracinesca.

Nella rosata in cielo e in terra fresca
mattina io ben la ritrovavo. E sono
a lei d'allora. Quel fanciullo io sono
che a lei spontaneo soccorreva; immagine
di me, d'uno di me perduto...

3.

                 ... Un grido
s'alza di bimbo sulle scale. E piange
anche la donna che va via. Si frange
per sempre un cuore in quel momento.
                       Adesso
sono passati quarant'anni.
                Il bimbo
è un uomo adesso, quasi un vecchio, esperto
di molti beni e molti mali. È Umberto
Saba quel bimbo. E va, di pace in cerca,
a conversare colla sua nutrice;
che anch'ella fu di lasciarlo infelice,
non volontaria lo lasciava. Il mondo
fu a lui sospetto d'allora, fu sempre
(o tale almeno gli parve) nemico.

Appeso al muro è un orologio antico
cosí che manda un suono quasi morto.
Lo regolava nel tempo felice
il dolce balio; è un caro a lui conforto
regolarlo in suo luogo. Anche gli piace
a sera accendere il lume, restare
da lei gli piace, fin ch'ella gli dice:

«È tardi. Torna da tua moglie, Berto».

Berto

Timidamente mi si fece accanto,
con infantile goffaggine, in una
delle mie ore piú beate e meste.
Calze portava di color celeste;
quasi un muto rimprovero gli errava
negli occhi. Una dolcezza al cor m'inferse,
grande, che poco piú, credo, sarei
morto od un grido avrei gettato. «Dammi
– pregai – la tua manina». Obbediente
egli la mise nelle mie. Ed a lungo
ci guardammo in silenzio; oh, cosí a lungo
che il tempo, come in una fiaba, a noi
non esisteva. Senza voce: «Berto
– gli dissi al fine – non sai quanto t'amo.
Io che me stesso oggi non amo, privo
del tuo pensiero vivere non posso».
Ma non pareva quanto me commosso;
anzi tolse alle mie mani la sua,
ai miei occhi i suoi occhi. «Ho tante cose,
bambino, che vorrei chiedere a te».
Quasi atterrito si ritrasse, e in se
stesso di rientrar desideroso.
«Berto – gli dissi – non aver paura.
Io ti parlo cosí, sai, ma non oso,
o appena, interrogarti. Non sei tu,
tornato all'improvviso, il mio tesoro
nascosto? Ed io non porto oggi il tuo nome?»
«Non hai – rispose; ed un sorriso come
disincantato gli corse sul volto –
non hai lí al petto la catena d'oro,
con l'orologio che mi fu promesso
un giorno?» – «Piú non usa, bimbo, adesso.
Ed il solo orologio che mi piace
ha colonnine d'alabastro, in cima
genietti che giocan con l'alloro;
è fermo a un'ora per sempre». Egli volse

a quello la gentil testina, e rise;
poi la sua mano nella mia rimise,
mi guardò in volto. «Ed io ricordo – disse –
uno ancora piú antico». – «Ed io ricordo
l'amor che in collo ti tenne, e i tuoi passi
guidava ai verdi giardini, l'amore
che ti fece – e lo sai quanto – beato». –
«Ed in guerra – rispose – ci sei stato?
Hai ucciso un nemico?» – «E sei tu Berto,
tu che mi fai queste domande? Or come
non parli invece a me della tua mamma,
che nel giorno che a noi fu cosí atroce,
per solo averti lei sola, all'amore
di cui tre anni vivevi, ti tolse?»
«La mamma che alla mia Peppa mi tolse
è morta?» – «Sí. Morí fra le mie braccia,
e di morire fu lieta. Ma prima
del tuo volto rivide ella una traccia
nella mia figliolina. Invece vive,
vive sí la tua balia, e quanto bene
ti vuole ancora! Se un bambino vede
che a te un poco assomigli, ecco che in collo
lo prende, al seno se lo stringe, dice
quelle parole che diceva a te,
tanti e tanti anni or sono. È viva ancora,
io te lo giuro; ma mutata è molto,
molto mutata d'allora... Perché,
Berto, in volto t'oscuri? Parla». – «Io sono
– rispose – un morto. Non toccarmi piú».

Cucina economica

Immensa gratitudine alla vita
che ha conservate queste care cose;
oceano di delizie, anima mia!

Oh come tutto al suo posto si trova!
Oh come tutto al suo posto è restato!
In grande povertà anche è salvezza.
Della gialla polenta la bellezza
mi commuove per gli occhi; il cuore sale,
per fascini piú occulti, ad un estremo
dell'umano possibile sentire.
Io, se potessi, io qui vorrei morire,
qui mi trasse un istinto. Indifferenti
cenano accanto a me due muratori;
e un vecchietto che il pasto senza vino
ha consumato, in sé si è chiuso e al caldo
dolce accogliente, come nascituro
dentro il grembo materno. Egli assomiglia
forse al mio povero padre ramingo,
cui malediva mia madre; un bambino
esterrefatto ascoltava. Vicino
mi sento alle mie origini; mi sento,
se non erro, ad un mio luogo tornato;

al popolo in cui muoio, onde son nato.

Lo specchio

Guardo un piccolo specchio incorniciato
di nero,
già quasi antico, semplice e severo
a un tempo.
       Una fanciulla
– nude l'esili braccia – gli è seduta
di contro. Ed un ricordo
d'altri tempi mi viene, mentre in quello
seguo le sue movenze, e come al capo
porta le braccia, e come ai suoi capelli
rende la forma voluta. E il ricordo
narro a mia figlia, per diletto:
               «Un giorno
fu, che tornavo di scuola. Il maestro
ci aveva fatta ad alta voce, e come
allora usava, la lettura. Immagina
un bambino che va solo in America,
solo a trovare sua madre. E la trova
sí, ma morente. Che se appena un attimo
ritardava, era morta. Io non ti dico
come a casa giungessi. E quando, vinto
dai repressi singhiozzi, apro la porta
e volo incontro a mia madre, lei vedo
al tuo specchio seduta, nello specchio
il primo suo capello bianco... Ed ecco
tu ridi adesso, e anch'io ne rido, o quasi,
ma non quel giorno o quelli poi».
                «Non rido,
babbo, di te – mi risponde; – ma tanto
s'era a quei tempi, o eri tu solo tanto
stupido?»
       E getta
le braccia intorno al mio collo, e mi bacia;
e dallo specchio e da me s'allontana.

Eroica

Ecco el vapor che fuma,
che vien dalla montagna.
Addio papà e mama,
me toca de andar soldà.

Nella mia prima infanzia militare
schioppi e tamburi erano i miei giocattoli;
come gli altri una fiaba, io la canzone
amavo udire dei coscritti.
                              Quando
con sé mia madre poi mi volle, accanto
mi pose, a guardia, il timore. Vestito
piú non mi vide da soldato, in visita
da noi venendo, la mia balia. Assidui
moniti udivo da mia madre; i casi
della sua vita, dolorosi e mesti.

E fu il bambin dalle calze celesti,
dagli occhi pieni di un muto rimprovero,
buono a sua madre e affettuoso. Schioppi
piú non ebbi e tamburi. Ma nel cuore
io li celai; ma nel profondo cuore
furono un giorno i versi militari;
oggi sono altra cosa: il bel pensiero,
forse, onde resto in tanto strazio vivo.

Da
Parole
(1933-1934)

Parole

Parole,
dove il cuore dell'uomo si specchiava
– nudo e sorpreso – alle origini; un angolo
cerco nel mondo, l'oasi propizia
a detergere voi con il mio pianto
dalla menzogna che vi acceca. Insieme
delle memorie spaventose il cumulo
si scioglierebbe, come neve al sole.

Ceneri

Ceneri
di cose morte, di mali perduti,
di contatti ineffabili, di muti
sospiri;

vivide
fiamme da voi m'investono nell'atto
che d'ansia in ansia approssimo alle soglie
del sonno;

e al sonno,
con quei legami appassionati e teneri
ch'ànno il bimbo e la madre, ed a voi ceneri
mi fondo.

L'angoscia
insidia al varco, io la disarmo. Come
un beato la via del paradiso,
salgo una scala, sosto ad una porta
a cui suonavo in altri tempi. Il tempo
ha ceduto di colpo.   Mi sento,
con i panni e con l'anima di allora,
in una luce di folgore; al cuore
una gioia si abbatte vorticosa
come la fine.
                    Ma non grido.
                              Muto
parto dell'ombre per l'immenso impero.

Primavera

Primavera che a me non piaci, io voglio
dire di te che di una strada l'angolo
svoltando, il tuo presagio mi feriva
come una lama. L'ombra ancor sottile
di nudi rami sulla terra ancora
nuda mi turba, quasi anch'io potessi
dovessi
rinascere. La tomba
sembra insicura al tuo appressarsi, antica
primavera, che piú d'ogni stagione
crudelmente risusciti ed uccidi.

Confine

Parla a lungo con me la mia compagna
di cose tristi, gravi, che sul cuore
pesano come una pietra; viluppo
di mali inestricabile, che alcuna
mano, e la mia, non può sciogliere.   Un passero
della casa di faccia sulla gronda
posa un attimo, al sol brilla, ritorna
al cielo azzurro che gli è sopra.   O lui
tra i beati beato! Ha l'ali, ignora
la mia pena secreta, il mio dolore
d'uomo giunto a un confine: alla certezza
di non poter soccorrere chi s'ama.

Cinque poesie per il gioco del calcio

1. *Squadra paesana*

Anch'io tra i molti vi saluto, rosso
alabardati,

sputati
dalla terra natia, da tutto un popolo
amati.

Trepido seguo il vostro gioco.
                                        Ignari
esprimete con quello antiche cose
meravigliose
sopra il verde tappeto, all'aria, ai chiari
soli d'inverno.

Le angosce,
che imbiancano i capelli all'improvviso,
sono da voi sí lontane! La gloria
vi dà un sorriso
fugace: il meglio onde disponga. Abbracci
corrono tra di voi, gesti giulivi.

Giovani siete, per la madre vivi;
vi porta il vento a sua difesa. V'ama
anche per questo il poeta, dagli altri
diversamente – ugualmente commosso.

2. *Tre momenti*

Di corsa usciti a mezzo il campo, date
prima il saluto alle tribune. Poi,
quello che nasce poi
che all'altra parte vi volgete, a quella
che piú nera s'accalca, non è cosa
da dirsi, non è cosa ch'abbia un nome.

Il portiere su e giú cammina come
sentinella. Il pericolo
lontano è ancora.
Ma se in un nembo s'avvicina, oh allora
una giovane fiera si accovaccia,
e all'erta spia.

Festa è nell'aria, festa in ogni via.
Se per poco, che importa?
Nessun'offesa varcava la porta,
s'incrociavano grida ch'eran razzi.
La vostra gloria, undici ragazzi,
come un fiume d'amore orna Trieste.

3. *Tredicesima partita*

Sui gradini un manipolo sparuto
si riscaldava di se stesso.
                              E quando
– smisurata raggiera – il sole spense
dietro una casa il suo barbaglio, il campo
schiarí il presentimento della notte.
Correvano su e giú le maglie rosse,
le maglie bianche, in una luce d'una
strana iridata trasparenza. Il vento
deviava il pallone, la Fortuna
si rimetteva agli occhi la benda.

Piaceva
essere cosí pochi intirizziti
uniti,
come ultimi uomini su un monte,
a guardare di là l'ultima gara.

4. *Fanciulli allo stadio*

Galletto
è alla voce il fanciullo; estrosi amori
con quella, e crucci, acutamente incide.

Ai confini del campo una bandiera
sventola solitaria su un muretto.
Su quello alzati, nei riposi, a gara
cari nomi lanciavano i fanciulli,
ad uno ad uno, come frecce. Vive
in me l'immagine lieta; a un ricordo
si sposa – a sera – dei miei giorni imberbi.

Odiosi di tanto eran superbi
passavano là sotto i calciatori.
Tutto vedevano, e non quegli acerbi.

5. *Goal*

Il portiere caduto alla difesa
ultima vana, contro terra cela
la faccia, a non veder l'amara luce.
Il compagno in ginocchio che l'induce,
con parole e con mano, a rilevarsi,
scopre pieni di lacrime i suoi occhi.

La folla – unita ebbrezza – par trabocchi
nel campo, Intorno al vincitore stanno,
al suo collo si gettano i fratelli.
Pochi momenti come questo belli,
a quanti l'odio consuma e l'amore,
è dato, sotto il cielo, di vedere.

Presso la rete inviolata il portiere
– l'altro – è rimasto. Ma non la sua anima,
con la persona vi è rimasta sola.
La sua gioia si fa una capriola,
si fa baci che manda di lontano.
Della festa – egli dice – anch'io son parte.

Fantasia

Come la schiuma sul mare galleggi
sulla vita, resisti ad ogni ondata,
ogni ondata ti genera, incantevole
fantasia di un mattino rosa e oro.
Le tue oscure cagioni non ignoro,
non velo; cara al mio petto ti stringo,
come giovane madre il suo bambino,
vestito di soavità, giocondo,

io che ho messo lo sguardo fino in fondo
al mio cuore, al mio triste cuore umano.

Felicità

La giovanezza cupida di pesi
porge spontanea al carico le spalle.
Non regge. Piange di malinconia.

Vagabondaggio, evasione, poesia,
cari prodigi sul tardi! Sul tardi
l'aria si affina ed i passi si fanno
leggeri.
Oggi è il meglio di ieri,
se non è ancora la felicità.

Assumeremo un giorno la bontà
del suo volto, vedremo alcuno sciogliere
come un fumo il suo inutile dolore.

Tre città

1. *Milano*

Fra le tue pietre e le tue nebbie faccio
villeggiatura. Mi riposo in Piazza
del Duomo. Invece
di stelle
ogni sera si accendono parole.

Nulla riposa della vita come
la vita.

2. *Torino*

Ritornerò dentro la cerchia amabile
dei tuoi monti, alle vie che si prolungano
come squilli. Poi tosto in uno strano
silenzio fuggirò ritrovi, amici.
Ma cercherò il soldato Salamano,
il piú duro a parole, il piú al dovere
fermo, che in sé la tua virtú rispecchia.

Cercherò l'officina ov'egli invecchia.

3. *Firenze*

Per abbracciare il poeta Montale
– generosa è la sua tristezza – sono
nella città che mi fu cara. È come
se ogni pietra che il piede batte fosse
il mio cuore, il mio male
di un tempo. Ma non ho rimpianti. Nasce
– altra costellazione – un'altra età.

«Frutta erbaggi»

Erbe, frutta, colori della bella
stagione. Poche ceste ove alla sete
si rivelano dolci polpe crude.

Entra un fanciullo colle gambe nude,
imperioso, fugge via.
                                  S'oscura
l'umile botteguccia, invecchia come
una madre.
                    Di fuori egli nel sole
si allontana, con l'ombra sua, leggero.

Donna

Quand'eri
giovinetta pungevi
come una mora di macchia. Anche il piede
t'era un'arma, o selvaggia.

Eri difficile a prendere.
                              Ancora
giovane, ancora
sei bella. I segni
degli anni, quelli del dolore, legano
l'anime nostre, una ne fanno. E dietro
i capelli nerissimi che avvolgo
alle mie dita, piú non temo il piccolo
bianco puntuto orecchio demoniaco.

Lago

Piccolo lago in mezzo ai monti – il giorno
le calde mucche bevono ai tuoi orli;
a notte specchi le stelle – mi sento
oggi in un brivido la tua chiarezza.

La giovanezza ama la giovanezza.
Due fanciulli qui vennero una volta.
Ti scoprirono insieme occhio di gelo.

Da
Ultime cose
(1935-1943)

Lavoro

Un tempo
la mia vita era facile. La terra
mi dava fiori frutta in abbondanza.

Or dissodo un terreno secco e duro.
La vanga
urta le pietre, in sterpaglia. Scavar devo
profondo, come chi cerca un tesoro.

Bocca

La bocca
che prima mise
alle mie labbra il rosa dell'aurora
ancora
in bei pensieri ne sconto il profumo.

O bocca fanciullesca, bocca cara,
che dicevi parole ardite ed eri
cosí dolce a baciare.

Dall'erta

Dall'erta solitaria che nel mare
precipita – che verde oggi e schiumoso
percuote obliquo la città – si vede
il bianco panorama di Trieste.

Tu già le conoscevi – dici – queste
mie strade, ove s'incontra, al piú, una donna
che la lunga salita ansia, un fanciullo
che se Bòrea t'investe, mette l'ali
a ogni cosa, per te vola. Poi torna
a se stesso, ti passa accanto altero.

Tutto un mondo che amavo, al quale m'ero
dato, che per te solo oggi rivive.

Anche un fiato di vento

Anche un fiato di vento pare un sogno
agli uomini del porto, alla bandiera
afflosciata là in cima alla terrazza
del Bagno della Diga.
Il mare, come in burrasca, si leva.

Sotto il cielo coperto è volta l'ansia
di tutti ad una raffica, alla prima,
che sbatterà le tende lungo riva,
chiuderà gli ombrelloni varieggiati,
per i quali l'estate ci veniva,
piú amica, incontro;

che sarà un refrigerio ed una fine.

Notte d'estate

Dalla stanza vicina ascolto care
voci nel letto dove il sonno accolgo.
Per l'aperta finestra un lume brilla,
lontano, in cima al colle, chi sa dove.

Qui ti stringo al mio cuore, amore mio,
morto a me da infiniti anni oramai.

Colombi

Alle curve rotaie che discendono
acqua azzurra piovana, un sorso chiedono,
un refrigerio nell'arsura.
                                        Gravi
alle giovani noie, alla mia sera,
che li ho soli vicini, e ascolto quella
musica d'ali alla finestra, guardo
la loro vita famigliare, bella,
le loro lotte fratricide, ingenue;
come vaghe creature a me li lego
con l'offerta che so grata. La tesa
mano è richiamo a tutti i voli; rosse
zampine vi si apprendono; colori
d'arcobaleno si spiegano. Oh ai miei
portino bene, a me, nella dimora
oggi per pochi sparsi
chicchi di granoturco diventata
la casa visitata da gli angeli.

Contovello

Un uomo innaffia il suo campo. Poi scende
cosí erta del monte una scaletta,
che pare, come avanza, il piede metta
nel vuoto. Il mare sterminato è sotto.

Ricompare. Si affanna ancora attorno
quel ritaglio di terra grigia, ingombra
di sterpi, a fiore del sasso. Seduto
all'osteria, bevo quest'aspro vino.

Alberi

La colomba che preda la festuca
e la porta nel nido invidio, e voi
alberi silenziosi, a cui le foglie,
ben disegnate, indora il sole; belli
come bei giovanetti o vecchi ai quali
la vecchiezza è un aumento. Chi vi guarda
– verdi sotto una nera ascella frondi
spuntano; alcuni rami sono morti –
le vostre dure sotterranee lotte
non ignora; la vostra pace ammira,
anche piú vasta.
    E a voi ritorna, amico;
laghi d'ombra nel cuore dell'estate.

Fumo

Conforto delle lunghe insonni notti
d'inverno
— allora in labirinti oscuri
errò, di angoscia, il pensiero; la mano
corse affannosa al tuo richiamo —
il filo
tenue che sale, poi si rompe, il cielo,
dall'aperta finestra, di un suo raggio
colora;

e mi ricorda una casetta, sola
fra i campi, che fumava per la cena.

Quando il pensiero

Quando il pensiero di te mi accompagna
nel buio, dove a volte dagli orrori
mi rifugio del giorno, per dolcezza
immobile mi tiene come statua.

Poi mi levo, riprendo la mia vita.
Tutto è lontano da me, giovanezza,
gloria; altra cura dagli altri mi strana.
Ma quel pensiero di te, che tu vivi,
mi consola di tutto. Oh tenerezza
immensa, quasi disumana!

Sera di febbraio

Spunta la luna.
            Nel viale è ancora
giorno, una sera che rapida cala.
Indifferente gioventú s'allaccia;
sbanda a povere mète.
            Ed è il pensiero
della morte che, in fine, aiuta a vivere.

Il vetro rotto

Tutto si muove contro te. Il maltempo,
le luci che si spengono, la vecchia
casa scossa a una raffica e a te cara
per il male sofferto, le speranze
deluse, qualche bene in lei goduto.
Ti pare il sopravvivere un rifiuto
d'obbedienza alle cose.
                E nello schianto
del vetro alla finestra è la condanna.

Ultimi versi a Lina

La banda militare che affollava
vie piú il Corso la sera, i fanaletti
oscillanti alla marcia – il battistrada
tronfio alzava e abbassava il suo bastone –;
le tue compagne: la buona, la scaltra,
l'infedele in amore; il verde fuori
e dentro la città; le laceranti
sirene dei vapori che partivano;
le osterie di campagna;
                            queste cose
furono un giorno – ricordi – cui venne,
una a una, una fine.
                        La memoria,
amica come l'edera alle tombe,
cari frammenti ne riporta in dono.

C'era

C'era, un po' in ombra, il focolaio; aveva
arnesi, intorno, di rame. Su quello
si chinava la madre col soffietto,
e uscivano faville.

C'era nel mezzo una tavola dove
versava antica donna le provviste.
Il mattarello vi allungava a tondo
la pasta molle.

C'era, dipinta di verde, una stia,
e la gallina in libertà raspava.
Due mastelli, là sopra, riflettevano,
colmi, gli oggetti.

C'era, mal visto nel luogo, un fanciullo.
Le sue speranze assieme alle faville
del focolaio si alzavano. Alcuna
– guarda! – è rimasta.

Spettacolo

Tu non lasci deluso lo spettacolo
dove amori t'incantano e venture
e senti in quelle truccate figure
tutti i tuoi giovani sogni irritarsi.

Altre, quand'ero come te, ho versate
dolci usurpate lacrime.

Ora è tardi. Si spogliano le cose,
se ne tocca lo scheletro. Una veste
ancora piace, se bella. Piú spesso
è la menzogna inutile, che annoia.

Ritratto

Lascia lo specchio. Non guardarti in quello
come una giovanetta. Che alle donne
è lume il corpo; a te l'animo vale.

La dolcezza che opponi ingenuo al male
fa la bontà del tuo sguardo. Ma il ciuffo
di capelli, che un po' butti in disparte,
d'esser te stesso la fierezza esprima,

come in cima a una casa già compiuta
la bandieretta
che libera lassú s'agita a un vento.

Porto

... A scordarla ancor m'aggiro
io per il porto, come un levantino.

(*Trieste e una donna*).

Qui dove imberbi scritturali il peso
registravano, e curvi sotto il carico
in fila indiana sudati braccianti
salivano scendevano oscillanti
scale dai moli agli alti bordi, preso
fra bestemmie e muggiti, della vita
solo un pensiero a me era nocente.

Cercavo a quello un angolo ridente.
Molti, all'ombra di pergole, ne aveva
la mia città inquieta. Mi premeva
isolarmi con lui, mettere assieme
versi, cavare dal suo male un bene.

Spero ancora un rifugio allo stratempo.
Ecco: è stato miracolo trovarlo.
Tutto, se chiedo, posso avere, fuori
quel mio cuore, quell'aria mia e quel tempo.

Campionessa di nuoto

Chi t'ha veduta nel mare ti dice
Sirena.

Trionfatrice di gare allo schermo
della mia vita umiliata appari
dispari.
A te mi lega un filo, tenue cosa
infrangibile, mentre tu sorridi,
e passi avanti, e non mi vedi. Intorno
ti vanno amiche numerose, amici
giovani come te; fate gran chiasso
tra voi nel bar che vi raccoglie. E un giorno
un'ombra mesta ti scendeva – oh, un attimo! –
dalle ciglia, materna ombra che gli angoli
t'incurvò della bella bocca altera,

che sposò la tua aurora alla mia sera.

Da
1944

Avevo

Da una burrasca ignobile approdato
a questa casa ospitale, m'affaccio
– liberamente alfine – alla finestra.
Guardo nel cielo nuvole passare,
biancheggiare lo spicchio della luna,

Palazzo Pitti di fronte. E mi volgo
vane antiche domande: Perché, madre,
m'hai messo al mondo? Che ci faccio adesso
che sono vecchio, che tutto s'innova,
che il passato è macerie, che alla prova
impari mi trovai di spaventose
vicende? Viene meno anche la fede
nella morte, che tutto essa risolva.

Avevo il mondo per me; avevo luoghi
del mondo dove mi salvavo. Tanta
luce in quelli ho veduto che, a momenti,
ero una luce io stesso. Ricordi,
tu dei miei giovani amici il piú caro,
tu quasi un figlio per me, che non pure
so dove sei, né se piú sei, che a volte
prigioniero ti penso nella terra
squallida, in mano al nemico? Vergogna
mi prende allora di quel poco cibo,
dell'ospitale provvisorio tetto.

Teatro degli Artigianelli

Falce martello e la stella d'Italia
ornano nuovi la sala. Ma quanto
dolore per quel segno su quel muro!

Entra, sorretto dalle grucce, il Prologo.
Saluta al pugno; dice sue parole
perché le donne ridano e i fanciulli
che affollano la povera platea.
Dice, timido ancora, dell'idea
che gli animi affratella; chiude: «E adesso
faccio come i tedeschi: mi ritiro».
Tra un atto e l'altro, alla Cantina, in giro
rosseggia parco ai bicchieri l'amico
dell'uomo, cui rimargina ferite,
gli chiude solchi dolorosi; alcuno
venuto qui da spaventosi esigli,
si scalda a lui come chi ha freddo al sole.

Questo è il Teatro degli Artigianelli,
quale lo vide il poeta nel mille
novecentoquarantaquattro, un giorno
di Settembre, che a tratti
rombava ancora il cannone, e Firenze
taceva, assorta nelle sue rovine.

Dedica

Perch'io non spero di tornar giammai
fra gli amici a Trieste, a te Firenze
questi canti consacro e questi lai.

Come t'amavo in giovanezza! Folli
che abitavano te, t'han fatta poi
difforme a tutti i miei pensieri, ostile.

Ma di giovani tuoi vidi gentile
sangue un Agosto rosseggiar per via.
Si rifece per te l'anima pura.

M'hai celato nei dí della sventura.

Da
Varie

Privilegio

Io sono un buon compagno. Agevolmente
mi si prende per mano, e quello faccio
ch'altri mi chiede, bene e lietamente.

Ma l'anima secreta che non mente
a se stessa mormora sue parole.
Anche talvolta un dio mi chiama, e vuole
ch'io l'ascolti. Ai pensieri
che mi nascono allora, al cuor che batte
dentro, all'intensità del mio dolore,
ogni uguaglianza fra gli uomini spengo.

Ho questo privilegio. E lo mantengo.

La visita

a Bruno e Maria Sanguinetti

Ho scritto *fine* al mio lavoro; messo,
diligente scolaro, in bella, pagina
dopo pagina. Il cuore mi mancava
e proseguivo. Ora da te, partito,
com'usi, a un tratto, con mia figlia sosto,
i tuoi bimbi e Maria tua di Sardegna.

Il destino riuní queste persone
– né altrimenti poteva – in questa stanza.
Ardono al caminetto alcune legna.

Si fa notte sui colli, sul giardino
che un triste inverno spogliò, nell'incongruo
di quei discordi pigolio che accusa
vicina l'ora della cena, il bacio
della mamma nel bianco caldo letto.

Si fa notte ai dipinti da Bolaffio,
seduti due sopra una panca (parlano
di politica), a quell'immensa dietro
magnolia, alla bambina che sorvola,
battendo il cerchio, un viale. Altri tempi
era il mio quadro; tutta
illuminava la mia casa. Amico
l'ho ritrovato nella tua, che buono
l'hai salvo al cieco disamore. E sono
– penso – vent'anni che passò Bolaffio.

Si fa notte negli occhi di mia figlia
e in quelli della donna bruna. Ai miei
scende, e non è dolore, umido un velo.

È tardi. Affronto lietamente il gelo
di fuori. Ho in cuore di una vita il canto,
dove il sangue fu sangue, il pianto pianto.
Italia l'avvertiva appena. Antico
resiste, come quercia, allo sfacelo.

Da
Mediterranee
(1947)

Tre poesie alla Musa

I.

A te occhiazzurra questi canti deve
uno che ha sete e alle tue labbra beve.
Antichi come lui, come te nuovi,
se giri tutto il mondo, non ne trovi.

2.

Bigiaretti e compagni hanno veduto
poco o nulla di te, mia Musa. Manca,
ad una che di noi rendono immagine,
ai tuoi occhi il colore dei tuoi occhi,
azzurra luce che per te ho saputo
cogliere estrema agli attimi fuggenti.

Sono buoni ragazzi. T'hanno amata
anche diminuita, anche accecata.

3.

Non quello che di te scrivono sotto.
Pianse e capí per tutti era il tuo motto.

Tre vecchie poesie

3. *Foglia*

Io sono come quella foglia – guarda –
sul nudo ramo, che un prodigio ancora
tiene attaccata.

Negami dunque. Non ne sia attristata
la bella età che a un'ansia ti colora,
e per me a slanci infantili s'attarda.

Dimmi tu addio, se a me dirlo non riesce.
Morire è nulla; perderti è difficile.

(1942).

Raccontino

La casa è devastata,
la casa è rovinata.
Mille e una notte non l'abita piú.

Come un giardino la sua verde Aleppo
una tenera madre ricordava.
Accoglieva le amiche, palpitava
per il figlio inquieto. Ed il caffè
porgeva, in piccole tazze, alla turca.

La casa è devastata,
la casa è rovinata.
Mille e una notte non accoglie piú.

La rovinò dal cielo
la guerra,
in terra
la devastava il tedesco. Piangeva
la gentile le proprie sue e le umane
miserie. (Odiare non poteva.) Il figlio
fuggí sui monti, vi trovò un suo caro
amico, vi giocò con lui la vita.

Erano cari amici, si facevano
meraviglia a vicenda, esageravano,
un poco invidiosi, donne amori.

Erano cari amici quando rompere
tu li vedevi esterrefatto a calci:
un'antilope e un mulo.

La casa è devastata,
la casa è rovinata.
Ma i due ragazzi sono vivi ancora;
vive ancora, imbianchite un po', le madri.

Gratitudine

Un anno, e in questa stagione ero a Roma.
Avevo Roma e la felicità.
Una godevo apertamente e l'altra
tacevo per scaramanzia.
                              Ma tutto
mi voleva beato a tutte l'ore;
e il mio pensiero era di un dio creatore.

Milano sotto la neve è piú triste,
forse piú bella. Molte cose sono
passato, quali in me vivono ancora,
in questa umana città dolorosa.
Mi accoglie al caldo la cucina; un prossimo,
ritrovato e perduto, gli occhi leva
dai quaderni impossibili e la voce.
Vede i candidi fiori; vede, un poco
curva, la madre che sfaccenda. E dice,
volta l'ilare faccia a lei: «Mammina,
appena esci ti bacia la neve»;

ed il mio cuore quel bacio riceve.

Tre poesie a Linuccia

1.

Era un piccolo mondo e si teneva
per mano.

Era un mondo difficile, lontano
oggi da noi, che lo lambisce appena,
come un'onda, l'angoscia. Tra la veglia
e il sonno lento a venire, se a tratti,
col suo esatto disegno e i suoi esatti
contorni, un quadro se ne stacca e illumina
la tua memoria, dolce in sé, ti cerca,
come il pugnale d'un nemico, il cuore.

Era un piccolo mondo e il suo furore
ti teneva per mano.

2.

In fondo all'Adriatico selvaggio
si apriva un porto alla tua infanzia. Navi
verso lontano partivano. Bianco,
in cima al verde sovrastante colle,
dagli spalti d'antico forte, un fumo
usciva dopo un lampo e un rombo. Immenso
l'accoglieva l'azzurro, lo sperdeva
nella volta celeste. Rispondeva
guerriera nave al saluto, ancorata
al largo della tua casa che aveva
in capo al molo una rosa, la rosa
dei venti.

Era un piccolo porto, era una porta
aperta ai sogni.

3.

Da quei sogni e da quel furore tutto
quello ch'ài guadagnato, ch'ài perduto,
il tuo male e il tuo bene, t'è venuto.

Variazioni sulla rosa

1.

Per te piange un fanciullo in un giardino
o forse in una favola. Punivi,
rosa, inabili dita. E cosí vivi,
un giorno ancora, sul tuo ceppo verde.

Altri asciuga le sue lacrime, e perde
egli in breve l'incontro e la memoria.
Oh, nemico per sempre alla tua gloria
non lo scopra l'errore d'un mattino!

2.

Molti sono i colori ai quali l'arte
varia il tuo incanto o la natura. In me,
come il mare è turchino, esisti solo,
per il pensiero a cui ti sposo, rossa.

3.

Cauta i tuoi gambi ella mondava. Mesta
a me sorrise ed al mio primo dono.
Due mani l'aggiustavano al suo seno.

Andai lontano, disertai quel seno.
Errai come agli umani è sorte errare.
Mi sopraffece la vita; la vita
vinsi, in parte; il mio cuore meno.
                                   Ancora
canta a me l'usignolo ed una rosa
tra le spine è fiorita.

Ulisse

Nella mia giovanezza ho navigato
lungo le coste dalmate. Isolotti
a fior d'onda emergevano, ove raro
un uccello sostava intento a prede,
coperti d'alghe, scivolosi, al sole
belli come smeraldi. Quando l'alta
marea e la notte li annullava, vele
sottovento sbandavano piú al largo,
per fuggirne l'insidia. Oggi il mio regno
è quella terra di nessuno. Il porto
accende ad altri i suoi lumi; me al largo
sospinge ancora il non domato spirito,
e della vita il doloroso amore.

Da
Uccelli
(1948)

Pettirosso

Trattenerti, volessi anche, non posso.

Vedi, amico del merlo, il pettirosso.
Quanto ha il simile in odio egli di quella
vicinanza par lieto. E tu li pensi
compagni inseparabili, che agli orli
di un boschetto sorpreso li sorprendi.
Ma un impeto gioioso al nero amico,
che vive prede ha nel becco, l'invola.
Piega un ramo lontano, cui non nuoce,
se un po' ne oscilla, l'incarco; la bella
stagione, il cielo tutto suo l'inebbriano,
e la moglie nel nido. Come un tempo
il dolce figlio che di me nutrivo,
si sente ingordo libero feroce;

e là si sgola.

Cielo

La buona, la meravigliosa Lina
spalanca la finestra perché veda
il cielo immenso.

Qui tranquillo a riposo, dove penso
che ho dato invano, che la fine approssima,
piú mi piace quel cielo, quelle rondini,
quelle nubi. Non chiedo altro.
                        Fumare
la mia pipa in silenzio come un vecchio
lupo di mare.

Uccelli

L'alata
genia che adoro – ce n'è al mondo tanta! –
varia d'uso e costumi, ebbra di vita,
si sveglia e canta.

Quest'anno...

Quest'anno la partenza delle rondini
mi stringerà, per un pensiero, il cuore.

Poi stornelli faranno alto clamore
sugli alberi al ritrovo del viale
XX Settembre. Poi al lungo male
dell'inverno compagni avrò qui solo
quel pensiero, e sui tetti il bruno passero.

Alla mia solitudine le rondini
mancheranno, e ai miei dí tardi l'amore.

Merlo

Esisteva quel mondo al quale in sogno
ritorno ancora; che in sogno mi scuote?
Certo esisteva. E n'erano gran parte
mia madre e un merlo.

Lei vedo appena. Piú risalta il nero
e il giallo di chi lieto salutava
col suo canto (era questo il mio pensiero)
me, che l'udivo dalla via. Mia madre
sedeva, stanca, in cucina. Tritava
a lui solo (era questo il suo pensiero)
e alla mia cena la carne. Nessuna
vista o rumore cosí lo eccitava.

Tra un fanciullo ingabbiato e un insettivoro,
che i vermetti carpiva alla sua mano,
in quella casa, in quel mondo lontano,
c'era un amore. C'era anche un equivoco.

Rosignuolo

Dice il nostro maggiore
fratello, il rosignuolo:

Iddio, che ha fatto il mondo e se lo guarda,
non di te si compiace, uomo, che a un'esca
– ahi, troppo irrecusabile! – dividi
noi che abbiamo la casa in siepe o in fronda.

Si tace. E, dopo una nota pietosa:

La voce – dice – piú meravigliosa
del silenzio, è la mia. Dei pleniluni
d'Aprile a quali infiniti si sposa!

Dice a te il tuo maggiore
fratello, il rosignuolo:

La dolcezza del mondo è una una una.
Solo a lei canto al lume della luna.

Nietzsche

Intorno a una grandezza solitaria
non volano gli uccelli, né quei vaghi
gli fanno, accanto, il nido. Altro non odi
che il silenzio, non vedi altro che l'aria.

Da
Quasi un racconto
(1951)

Dieci poesie per un canarino

1. *A un giovane comunista*

Ho in casa – come vedi – un canarino.
Giallo screziato di verde. Sua madre
certo, o suo padre, nacque lucherino.

È un ibrido. E mi piace meglio in quanto
nostrano. Mi diverte la sua grazia,
mi diletta il suo canto.
Torno, in sua cara compagnia, bambino.

Ma tu pensi: I poeti sono matti.
Guardi appena; lo trovi stupidino.
Ti piace piú Togliatti.

3. *Palla d'oro*

Con ali tese e il becco aperto a volte
egli perfino mi sfida... Non vede
sé, come vedo me stesso. Ed in questo
non vedersi è la sua felicità.

Moto perpetuo non si ferma un breve
momento. Verdi radicchi, altri uccelli
che nutre involontario, il suo panico,
sempre ha qualcosa da fare e la cosa
che fa lo prende interamente. In canto
(sia gioia o pena) in trilli si diffonde.
Se Ciu lo chiami, il chiamato risponde.

Viene lenta la sera. Lentamente
tace, si gonfia. Fiducioso al sonno
si chiude, e in sé, come una palla d'oro.

6. *Quasi una moralità*

Piú non mi temono i passeri. Vanno
vengono alla finestra indifferenti
al mio tranquillo muovermi nella stanza.
Trovano il miglio e la scagliuola: dono
spanto da un prodigo affine, accresciuto
dalla mia mano. Ed io li guardo muto
(per tema non si pentano) e mi pare
(vero o illusione non importa) leggere
nei neri occhietti, se coi miei s'incontrano,
quasi una gratitudine.
                    Fanciullo,
od altro sii tu che mi ascolti, in pena
viva o in letizia (e piú se in pena) apprendi
da chi ha molto sofferto, molto errato,
che ancora esiste la Grazia e che il mondo
– TUTTO IL MONDO – ha bisogno d'amicizia.

10. *Amore*

Questa mattina, e come li portavo
alla finestra, ebbi sorpresa lieta.
Si scambiavano in becco il cibo, oggetto,
ieri ancora, di tanta lite. È il modo
– il loro – di baciarsi e dirsi grati
l'uno all'altro di esistere. È già il nido.

Le mie poesie

Il buon Carletto mi diceva: «Vedo
che proprio deve farle». Devo come
la gallina fa l'uovo. Questo un giorno
me lo disse mia figlia. (Aveva allora
dieci undici anni). Immaginava,
con tutto il mondo in miniatura, chiudere
suo padre in una gabbia. Il vino e i cibi
erano buoni, anzi eccellenti. In cambio
sua madre o lei tra le sbarre carpivano
il mio lavoro d'ogni giorno in vari
multicolori bei fogli volanti.

Fratellanza

Ho fatto un sogno, e all'alba lo ritrovo.
Parlavano gli uccelli, o in un uccello
m'ero, io uomo, mutato. Dicevano:
NOI DI BECCO GENTILE AMIAMO I FRUTTI
SAPORITI DEGLI ORTI. E SIAMO TUTTI
NATI DA UN UOVO.

Proprio il sogno d'un bimbo e d'un uccello.

Dialogo

LUI

Di me diranno, quando sarò morto:
Povero vecchio disperato e solo.
Cantava come canta un rosignuolo.

LEI

Non sei un rosignuolo; sei un merlo.
Fischi piú forte la sera; e nessuno
può strapparti di becco il tuo pinolo.

Al lettore

Questo libro che a te dava conforto
buon lettore, è vergogna a chi lo crebbe.
Parlava come un vivo ed era (avrebbe
dovuto, per decenza, essere) morto.

Da
Sei poesie della vecchiaia
(1953-1954)

De gallo et lapide

Dicevo un giorno al buon Carletto: «Dopo
anni che lavoriamo assieme – trenta,
io credo, o ventisette almeno; è stato,
buono o cattivo, il tuo destino – appena
oggi ho capito chi sei. Sei vivente
ed agente una favola d'Esopo.
Tutte, e in particolare una». Non chiese
quale; o temesse, nel confronto, offese;
o, quando estraneo ai suoi negozi, poco
curi il mio dire. «Voglio dire quella
del gallo e della pietra preziosa.
Come la scorse nel letame: – Va', –
le disse; – tu vuoi farmi ricco invano.
Nulla è a un gallo un topazio –. E l'affamato
l'accusava, raspando, di non essere,
invece, un chicco d'orzo». «Giusto. Ma,
se poteva parlare, perché il gallo –
disse alfine Carletto, ed ovvia cosa
gli parve – non andò da un gioielliere?
Gli avrebbe dato due sacchi di grano
in cambio. O anche d'orzo, a suo piacere».

Il poeta e il conformista

Come t'invidio, amico! Alla tua fede
saldamente ancorato, in pace vivi
con gli uomini e gli dei. Discorri scrivi
agevole, conforme volontà
del tuo padrone. In cambio egli ti dà
pane e, quale sua cosa, ti accarezza.
Arma non ti si appunta contro; spezza
il tuo sorriso ogni minaccia. E passi,
tra gli uomini e gli eventi, quasi illeso.

V'ha chi solo si pensa ed indifeso.
Pensa che la sua carne ha buon sapore.
Meglio – pensa – chi è in vista al cacciatore
passero che pernice.

Da
Epigrafe
(1947-1948)

Vecchio e giovane

Un vecchio amava un ragazzo. Egli, bimbo
– gatto in vista selvatico – temeva
castighi a occulti pensieri. Ora due
cose nel cuore lasciano un'impronta
dolce: la donna che regola il passo
leggero al tuo la prima volta, e il bimbo
che, al fine tu lo salvi, fiducioso
mette la sua manina nella tua.

Giovinetto tiranno, occhi di cielo,
aperti sopra un abisso, pregava
lunga all'amico suo la ninna nanna.
La ninna nanna era una storia, quale
una rara commossa esperienza
filtrava alla sua ingorda adolescenza:
altro bene, altro male. «Adesso basta –
diceva a un tratto; – spegniamo, dormiamo».
E si voltava contro il muro. «T'amo –
dopo un silenzio aggiungeva – tu buono
sempre con me, col tuo bambino». E subito
sprofondava in un sonno inquieto. Il vecchio,
con gli occhi aperti, non dormiva piú.

Oblioso, insensibile, parvenza
d'angelo ancora. Nella tua impazienza,
cuore, non accusarlo. Pensa: È solo;
ha un compito difficile; ha la vita
non dietro, ma dinanzi a sé. Tu affretta,
se puoi, tua morte. O non pensarci piú.

Appendice

Da *Storia e cronistoria del «Canzoniere»*

«Poesie dell'adolescenza e giovanili» (1900-1910).

[...] Il gruppo s'inizia con *Ammonizione*, una poesia che – come il titolo stesso lo dice – appartiene ad un'età poco piú che infantile. Eppure vi è già tutto Saba. [...] In *Ammonizione* il lettore può avvertire quel gusto per la favoletta e per l'apologo che si affermerà, in modo piú volontario e cosciente, nei componimenti dell'età matura. Questo motivo della nuvoletta, che appare e dispare, ritornerà spesso nel *Canzoniere*, quasi un simbolo della bellezza e della dolcezza di vivere, congiunte alla fatalità della morte. [...] *Glauco* esprime, con accenti un po' da *Vita nuova*, il doloroso contrasto tra la vita malinconica ed angustiata del giovane Saba e quella dei suoi compagni piú fortunati (Glauco aveva «un bel vestito da marinaretto»); la sua sostanza poetica ed umana è un misto d'invidia, di rammarico e di tenerezza. Glauco è il primo, in ordine di tempo, dei «ragazzi di Saba» (Barile) e il modello di tutti gli altri.

[...] La canzonetta *In riva al mare* appartiene, per la prima strofetta, all'epoca piú remota e in un certo senso piú felice della poesia giovanile del Nostro. Saba dice che sono quasi i primi versi di cui conservi memoria, anteriori anche a quelli di *Ammonizione*:

> Ero solo in riva al mare,
> all'azzurro mar natio;
> e pensavo a te amor mio,
> te lontano a villeggiar.

Le altre due strofette invece, piú «sapienti», sono state aggiunte dopo, sulla traccia di sentimenti, o impressioni, provate nell'adolescenza. Non sappiamo dire se la «saldatura» sia, ed in quale misura, sensibile.

[...] L'adolescenza poetica di Saba chiude con la poesia *La sera*. Il poeta la scrisse a Pisa, intorno ai vent'anni. L'inizio:

> Or che biancheggia in ciel sulla pianura
> la solitaria falce della luna,
> e abbandonano i monti ad una ad una
> le mandre ch'eran sparse alla pastura,

è una tranquilla pittura della campagna toscana al tramonto. Nella strofa seguente, il giovane poeta s'identifica al vecchio patriarca Abramo, del quale dice di sentire in petto l'«austera tranquillità», e di attendere – come quello al finire della sua giornata –

«i messi del Signore». La poesia è stata suggerita al Nostro dagli affreschi di Benozzo Gozzoli, che si trovavano – e speriamo si trovino ancora – nel Camposanto di Pisa. Saba, che non fu un poeta particolarmente visivo, si è ispirato spesso, e forse appunto per questo, alle arti rappresentative. [...]

Il sogno di un coscritto, l'ultima poesia di un tormentato periodo, prelude ai *Versi militari* propriamente detti. È una delle poche poesie di Saba, in ogni caso la prima, che sia piaciuta appena pubblicata. La poesia porta un sottotitolo («L'osteria fuori porta») ed è la sola rimasta delle tre o quattro che formavano, riunite originariamente sotto il titolo complessivo di *Sogno di un coscritto*, un piccolo gruppo. [...]

«Versi militari» (1908).

[...] I *Versi militari* sono una serie di 27 sonetti, regolari per il numero e la disposizione degli endecasillabi, irregolari – ma non sempre – per il gioco delle rime. La licenza, se, per il motivo che diciamo subito, parve allora necessaria al poeta, non lo persuase mai interamente. Questi sonetti furono «improvvisati», o quasi, fra il tumulto di una vita attiva, nella quale il poeta cadde dalle sue solitarie fantasticherie e meditazioni. Ci viene a mente – non come un raffronto, che sarebbe completamente fuori luogo, ma come semplice associazione d'idee – un'osservazione del De Sanctis: «l'esercizio della vita militare guarí il Foscolo». In realtà, la vita militare non guarí nessuno, né il Foscolo né Saba. Può, al piú, averli, per un momento, distratti.

Il senso di meraviglia provato dal poeta verso se stesso e gli altri, per tutto il nuovo che gli nasceva dentro ed intorno, è una delle note liriche dei *Versi militari*. Altre però ve ne sono, benché tutte possano, in qualche modo, ricondursi a questa. Saba sente con gioia (pure attraverso i lamenti e le querele d'obbligo nella vita militare di quegli anni) di non essere piú solo. «Me stesso ritrovai fra i miei soldati» dirà piú tardi (nel sonetto undicesimo dell'*Autobiografia*), aggiungendo: «Nacque tra essi la mia Musa schietta». Vi nacque – è sottinteso – per un contrasto.

«Casa e campagna» (1909-1910).

[...] La poesia provocò, appena conosciuta, allegre risate. Pareva strano che un uomo scrivesse una poesia per paragonare sua moglie a tutti gli animali della creazione. È la sola del Nostro che abbia suscitato un po' di scandalo; è forse a questo che si deve la sua notorietà: una notorietà di «contenuto». Ma nessuna intenzione di scandalizzare, e nemmeno di sorprendere, c'era, quando la compose, in Saba. La poesia ricorda piuttosto una poesia «religiosa»; fu scritta come altri reciterebbe una preghiera. Ed oggi infatti la si può nominare o leggere in qualunque ambiente, senza la preoccupazione di suscitare il riso. Un giornale comunista disse, recentemente, che *A mia moglie* è una poesia proletaria. Noi pensiamo invece che sia una poesia « infantile »; se un bambino potesse sposare e scrivere una poesia per sua moglie, scriverebbe questa.

« Un pomeriggio d'estate, – racconta Saba, – mia moglie era uscita per recarsi in città. Rimasto solo, sedetti, per attenderne il ritorno, sui gradini del solaio. Non avevo voglia di leggere, a tutto pensavo fuori che a scrivere una poesia. Ma una cagna, la "lunga cagna" della terza strofa, mi si fece vicino, e mi pose il muso sulle ginocchia, guardandomi con occhi nei quali si leggeva tanta dolcezza e tanta ferocia. Quando, poche ore dopo, mia moglie ritornò a casa, la poesia era fatta: completa, prima ancora di essere scritta, nella mia memoria. Devo averla composta in uno stato di quasi incoscienza, perché io, che quasi tutto ricordo delle mie poesie, nulla ricordo della sua gestazione. Ricordo solo che, di quando in quando, avevo come dei brividi. Né la poesia ebbe mai bisogno di ritocchi o varianti. S'intende che, appena ritornata la Lina, stanca della lunga salita (si abitava a Montebello, una collina sopra Trieste) e carica di pacchi e di pacchetti, io pretesi subito da lei che, senza nemmeno riposarsi, ascoltasse la poesia che avevo composta durante la sua assenza. Mi aspettavo un ringraziamento ed un elogio; con mia grande meraviglia, non ricevetti né una cosa né l'altra. Era rimasta invece male, molto male; mancò poco litigasse con me. Ma è anche vero che poca fatica durai a persuaderla che nessuna offesa ne veniva alla sua persona, che era anzi "la mia piú bella poesia", e che la dovevo a lei». [...]

[*La capra*]. Si volle vedere in questi versi una conferma delle origini parzialmente semitiche di Saba, e magari di un suo conseguente antisemitismo. Ora Saba – come scrisse Giansiro Ferrata – è « un poeta troppo umano per non serbare memoria del sangue materno», e quella memoria, o quella pietà, affiorano certamente nella sua poesia. Ma non particolarmente in questa. Quel tanto di passività orientale che Saba ereditò dalla madre e che, in contrasto all'attivismo europeo di un grande porto di mare ottocentesco forma, secondo la Stuparich, la « triestinità di Saba» trova, per esprimersi, accenti piú sottili e piú indiretti. « In una capra dal viso semita» è un verso prevalentemente visivo. [...]

« *Trieste e una donna* » (*1910-1912*).

[...] Nel primo *Canzoniere*, la poesia aveva cinque strofe: la seconda – di cui l'ultimo verso diceva « di te, dei giorni buoni» – si prolungava in una terza, che – almeno nell'intenzione del poe-

ta – doveva continuarne la musicalità diffondendola, per cosí
dire, nella notte:

> Buona, Lina, è la notte.
> Sono i monti cerulee ombre con lumi,
> con d'ogni intorno tutte da quei lumi
> le grandi ombre interrotte.

Come non bastasse, anche questa (dubbia) strofetta aveva una
specie di «coda», un'altra quartina, ma cosí brutta, cosí addirittura «indelicata», che noi, sia per risparmiare un dolore al vecchio Saba, sia per usare un riguardo al lettore, evitiamo di ripeter-
la. In verità la poesia era nata con tre sole strofe; le due aggiunte
tentavano di rimediare al «di te, dei giorni buoni» della seconda.

Il verso aveva tre malanni: il primo di essere brutto, il secondo
di non rendere il sentimento del poeta, il terzo di portare una
rima imperfetta (suono-buoni), senza che la sua imperfezione fosse, per buone o cattive ragioni, voluta. Ma, per quanto si sforzas-
se, il verso giusto non gli veniva. Allora cambiò, allungò, fece altri
(poetici) disastri. In *Ammonizione* la poesia tornò ad essere di tre
strofe: il verso incriminato diceva:

> e di colpa non mia chiesi perdono.

Era, in se stesso preso, bellissimo (a qualcuno ricordò Racine),
ma aveva il torto di non essere del tempo – del colore – degli altri.
Ed anche questa volta, Saba non era in pace. Molti anni passarono; una sera (subito dopo la liberazione di Firenze) il poeta pas-
seggiava solo per le campagne adiacenti alla città, e ridiceva a se
stesso, a quarant'anni di distanza, il suo *Notturnino*, che aveva
composto da giovane, camminando, una notte ugualmente di luna, per gli stessi sentieri. Ed ecco che, senza che egli lo volesse, e
nemmeno si accorgesse, accadde il miracolo. (Chiediamo scusa al
lettore di usare cosí grandi parole per una cosí piccola poesia; ma
l'interesse che vorremmo in lui suscitare è di un altro ordine). Ar-
rivato al punto nel quale si colloca il facile-difficile verso, egli, senza che la sua volontà ci entrasse per nulla, lo pronunciò mental-
mente nella sua forma giusta, cosí a lungo e cosí invano cercata:

> di te; ti chiesi dell'oblío perdono.

Cosa era accaduto a Saba per impedirgli di trovare, alle origini,
un verso addirittura ovvio, che gli avrebbe risparmiate tante com-
plicazioni e tanti rompicapi? Era accaduto che, quando egli scrisse il suo *Notturnino*, sapeva che avrebbe poi mandato la poesia
alla persona che gliel'aveva ispirata; ma... non voleva farle sapere
di averla, sia pure provvisoriamente, obliata. Era questo l'ostacolo – l'ingorgo – che gli impedí di trovare l'espressione giusta del
suo sentimento. Adesso che, sia il poeta che la sua compagna, erano vecchi, l'ostacolo non aveva piú ragione di esistere, e Saba trovò (in qualche modo ritrovò) il verso esatto. Ma sono cose che

accadono di rado; alle varianti dopo quarant'anni noi ci crediamo assai poco. [...]

Anche nei *Versi militari* Lina non è che un nome; in *Casa e campagna* questo non è nemmeno pronunciato. La giovane e bianca pollastra potrebbe essere Lina, come una qualsiasi altra donna. È solo a partire da *Trieste e una donna* che Saba tratteggia con amore (non senza – ripetiamo – una punta di ambivalenza) quella che, tra le figure femminili del *Canzoniere* è, se non la sola, certo la piú importante, la dominante, la regina:

> O regina, o signora,
> la cui grazia fu ognora, ognor sarà
> diversa...

Lina che «assai fece soffrire e piú sofferse», e per la quale Saba, nel dodicesimo sonetto dell'*Autobiografia*, dice che accetterebbe di ricominciare un'altra volta la vita, appare nella sua complessità femminile ed umana appena nel libro che prende il nome da lei e dalla città sua e del poeta. [...]

[*Il torrente*] rievoca l'infanzia e la madre di Saba. La lirica – che è una delle piú belle e delle meno conosciute del Nostro – risolve in un apologo da «libro di lettura», in una di quelle «moralità» che sempre gli furono care, anche perché in esse poteva, meglio che altrove, fondere il nuovo e l'antico. La «moralità» del *Torrente* è la stessa di *Ammonizione*: la dolce vita corre inevitabilmente alla morte. La madre di Saba, turbata lei stessa, dice al suo bambino le stesse cose che egli si farà dire piú tardi dal «bel nuvolo rosato»: [...].

Trieste è la prima poesia di Saba che testimoni della sua volontà precisa di cantare Trieste proprio in quanto Trieste, e non solo in quanto città natale. È accaduto per Trieste come per Lina. Nel libro che stiamo esaminando, la città e la donna assumono, per la prima volta, i loro inconfondibili aspetti; e sono amate appunto per quello che hanno di proprio e di inconfondibile. [...]

Possiamo ingannarci, ma ci sembra che nessun altro – prosatore o poeta – abbia reso meglio, e piú in breve, l'immagine della città contesa. Alcune asprezze che la poesia presentava in precedenti versioni, sono state qui, con mano eccezionalmente felice, tolte o appianate.

[...] *Dopo la tristezza* segna uno dei culmini ai quali Saba sia, fino a qui, giunto. Anche per questa poesia bisogna dire che pochi, ben pochi, l'hanno notata; segno evidente che Saba tanto meno piaceva quanto piú era Saba. La lirica è composta di cinque terzine e di un verso staccato che serve a chiudere il componimento; forma molto vicina al sonetto, caro alla sua adolescenza, ed alla quale ritornerà. Egli l'usa qui per la prima volta, ma l'userà poi spesso nella *Serena disperazione*.

Il poeta siede in una solitaria osteria «dov'è piú abbandonato e ingombro il porto», e dove anche il pane che mangia ha per lui sapore di ricordi. Dalla superata pena la sua anima e i suoi occhi passano ad una tenerezza vicina alle lacrime:

L'anima mia che una sua pena ha vinta,
con occhi nuovi nell'antica sera
guarda un pilota con la moglie incinta.

Il verso in corsivo definisce involontariamente l'arte di Saba, ed è pieno di significati universali e profondi, che dall'inconscio del poeta si trasmettono a quello del lettore. [...]

Nell'*Ora nostra* il poeta fonde i due «personaggi» di Trieste e della Lina. È l'ora che precede la sera, i «sacri ozi» della sera, quando il lavoro degli uomini si fa febbrile, e già appare

sulle moli quadrate delle case
una luna sfumata, una che appena
discerni nell'aria serena.

Tutto sembra statico, e tutto invece va «come un fiume al suo mare». Il poeta la chiama «l'ora grande»; quella che «accompagna – meglio la nostra vendemmiante età». La vendemmiante età è presa da Baudelaire, poeta col quale il Nostro – senza avere con lui nessuna affinità profonda – contrasse alcuni prestiti. Vedi anche i «verdi paradisi dell'infanzia» nel *Piccolo Berto* e il «cimbalo» che, solitario, risuonerebbe senza grazia, nell'ultima strofa del *Canto dell'amore*.

Il poeta sa un poco di risposta polemica alla poesia omonima di Giosuè Carducci. (Quando Saba scrisse questa poesia la sua corrispondente carducciana era piú viva nella memoria e nell'ammirazione degli uomini che non lo sia oggi). Non solo l'inizio:

Il poeta ha le sue giornate
contate

batte lo stesso ritmo di

Il poeta, o vulgo sciocco,
un pitocco;

ma l'immagine che Saba presenta del poeta è la perfetta antitesi di quella del Carducci: un perdigiorni. [...] Forse non di una polemica (peggio ancora di una polemica in versi) si può parlare, quanto della ripresa di uno stesso tema da parte di un poeta cosí remoto dal Carducci per carattere, sensibilità, clima nel quale visse. Tuttavia questa lirica lascia l'impressione che, senza il precedente accennato, non sarebbe nata.

[...] *La malinconia amorosa* propone un tema che piú tardi Saba allargherà a significati universali. È la stesura giovanile della *Brama*. Piú stretta, piú straziata, mancante però di quel tanto di amplificazione rettorica che un lettore «di fine orecchio» (le parole fra virgolette sono di Benedetto Croce, che le applica a se stesso, alla sua comprensione della poesia) non può non avvertire nella grande lirica di «Cuor morituro». Due figure vivono nella

Malinconia amorosa; quella, un poco orientaleggiante, di un commesso di negozio:

> Malinconia amorosa
> nel giovane che siede
> dietro un banco, che vede
> sulle sue stoffe chine le piú belle
> donne della città;

e – a lui contrapposta – quella del sognatore, che, in uno dei piú accesi tramonti cantati dal Nostro,

> sale pensoso di chi sa che amore
> e che strazio, la lunga erta sassosa
> della collina,

e l'orgoglio del quale «leso – dalla vita, vicino alla follia» ingigantisce alla misura della sua tristezza. Il sognatore è probabilmente il poeta; l'altra figura egli la tolse in parte dalla realtà quotidiana e in parte dalla lettura delle *Mille e una notte*, dove s'incontrano spesso, alla soglia di grandi avventure, questi giovani venditori di belle stoffe.

[...] *Nuovi versi alla Lina.* Sono come una poesia sola, un lungo canto di abbandono, frammisto a rimproveri, a rimpianti, ad accuse, che il poeta rivolge ora alla donna, ora a se stesso. Una storia commovente e banale (anche un poco ottocentesca); egli non può vivere né con lei né senza di lei. Le quindici poesie, che nelle precedenti edizioni portavano ciascuna un titolo, e che nel secondo *Canzoniere* sono contrassegnate da un numero, trovano il loro culmine nella settima, che, quando aveva un nome, si chiamava *Come hai potuto?*, e dà la chiave della situazione nella quale si trovava il poeta. Tuttavia, malgrado deprecazioni e proteste:

> Ma tu lasciami, tu che nulla sai
> farmi che adesso una viltà non sia;

si sente debole, disarmato di fronte alla donna, volta a volta detestata ed amata, ma sempre (almeno in apparenza) piú forte di lui. Rileggiamo, come un esempio, questa breve poesia – canzonetta o duetto – nella quale il lettore troverà anche alcuni degli accennati movimenti verdiani di Saba:

> Dico: «Son vile...»; e tu: «Se m'ami tanto
> sia benedetta la *nostra* viltà»
> «...ma di baciarti non mi sento stanco».
> «E chi si stanca di felicità?»
> Ti dico: «Lina, col nostro passato,
> amarci... adesso... quali oblii domanda!»
> Tu mi rispondi: «Al cuor non si comanda;
> e quel ch'è stato è stato».
> Dico: «Chi sa se saprò perdonarmi;
> se piú mai ti vedrò quella di prima?»
> Dici: «In alto mi vuoi nella tua stima?
> Questo tu devi: amarmi».

«*La serena disperazione*» (*1913-1915*).

Un giorno fra i giorni Saba si accorse che *La serena disperazione* era il titolo appropriato alle poesie che aveva scritte dopo *Trieste e una donna*. Il titolo gli era nato fuori di ogni cosciente ricerca. Capí di aver scritto un nuovo libro e che questo libro aveva esso pure una certa unità.

Nella poesia *Il garzone con la carriola*, colla quale la raccolta incomincia, Saba rivolge ad un immaginario lettore l'invito a guardare fuori di se stesso. La vita, coi suoi svariati aspetti ed ilari volti, deve, dovrebbe, guarire le pene del cuore:

> È bene ritrovare in noi gli amori
> perduti, conciliare in noi l'offesa.
> Ma, se la vita all'interno ti pesa,
> tu la porti al di fuori.

Il garzone in tuta blu, che si diverte a dividere con la sua carriola, spinta a precipizio giú da un'erta, la folla giustamente imprecante, è uno degli aspetti allegri, consolatori, della strada. Ma è anche un fratello di Glauco, uno dei «ragazzi di Saba». Nella *Serena disperazione* sono molti, e molti piú erano nel primo *Canzoniere*. [...]

Dopo la giovanezza è – come *Il torrente*, come *Dopo la tristezza* – una delle maggiori e delle meno conosciute liriche di Saba. [...] Non mancano in *Dopo la giovanezza* accenti misogini (Saba aveva appena vissuto *Trieste e una donna* e, in piú... letto Weininger, che allora imperversava), e note di sensuale intenerimento:

> Ignaro nell'incanto entra il bambino,
> che giunto a pubertà dorme supino;

né – immancabile in questi stati d'animo – il presentimento (leggi desiderio) della morte, che il soggetto crede sola capace di liberarlo dal conflitto.

[...] *Al Panopticum* è la poesia gemella di *L'osteria* «*all'Isoletta*». Saba è entrato (anche questa volta col ricordo) in un museo di figure di cera, che in quegli anni usavano ancora, e sono completamente scomparsi dopo la prima guerra mondiale. (Erano i musei degli orrori). Quanta – dice il poeta –

> Quanta malinconia di primavera
> passa nell'aria, mentre guardo a un lento
> suono animarsi figure di cera!

Guarda a lungo quelle sinistre figure, fino a che l'angoscia sia in lui perfetta, ed abbia rinvenuto il senso della vita. Allora esce; ritorna – o pensa di ritornare – all'Isoletta:

> Penso: Se ritrovassi in quel bordello
> quanto è mia colpa se altrove ho perduto!

Al Panopticum, All'Isoletta, molte altre poesie della *Serena disperazione,* sono sorte – lo si sente anche troppo – in un clima di disfacimento morale. Questo non era, in quegli anni, proprio solamente a Saba. Gravava sul mondo l'attesa afosa di un temporale. Benché legate a vicende personali, il lettore ogni poco avvertito, può trovarvi qualcosa dell'atmosfera 1913, quando era in tutti il presentimento (leggi anche questa volta il desiderio) della grande guerra. E tutti gli uomini apparivano, ed erano, depressi.

La ritirata in Piazza Aldrovandi a Bologna (La serena disperazione fu scritta, in gran parte, a Bologna) riporta i soldati dei *Versi militari.* Sono «i bersaglieri colle trombe d'oro» che, prima di suonare la ritirata, regalano al pubblico qualche aria popolare. Nella piazza, che sposa le sue bellezze a quelle di una sera d'ottobre, e nella vita che vi si agita, Saba vede l'immagine perfetta dell'Italia d'allora, di quella che in tempi piú imperiali, fu poi chiamata «Italietta». [...]

Ma la poesia centrale della *Serena disperazione* è *Guido.* Guido che

... ha qualcosa dell'anima mia
dell'anima di tante creature.
e tiene in cuore la sua nostalgia,

era un ragazzo della campagna emiliana, col quale il poeta triestino tiene dei singolarissimi colloqui. Lo chiama «sciocchissimo», ma l'attributo, tolto dall'apologo del lupo e del pastore (dell'abate Clasio?) «Checco guardian, sciocchissimo fanciullo» non ha, in questo caso, significati dispregiativi, ma di affettuosa tenerezza:

sciocchissimo fanciullo, a cui colora
le guance un rosa di nubi al tramonto,
e ai quindici anni non par giunto ancora.

(Saba accompagna volentieri l'immagine della sera a quella della prima giovinezza. Le ragioni dell'accostamento sono le stesse che gli hanno dettato il verso «con occhi nuovi nell'antica sera» e rappresentano una delle «associazioni» piú felici di tutta la sua poesia).

[...] *Veduta di collina, La greggia* e *Il patriarca* sono poesie legate fra loro; il pittore Vittorio Bolaffio – che deve aver dipinto qualcosa di equivalente – le avrebbe riunite dentro una sola cornice, e chiamate «Trittico».

Seduto alla finestra della sua casa, il poeta guarda una collina di faccia, dove un frammento di vetro «brilla e si accende a tutto il sole», e dietro alla quale si vede «l'occhio di Dio, l'infinito». In quella collina si muove, opera, un vecchio contadino: Saba ne fa un personaggio biblico che, dopo aver fecondato di sé tutto un mondo, pensa «Felice il non nato». Inserita fra *Veduta di collina* e *Il patriarca, La greggia* ha pure note – se cosí possiamo dire – da Vecchio Testamento. La vista di un gregge, che attraversa la sera

un sobborgo impolverato, mette in Saba il desiderio d'inginoc-
chiarsi, come alla presenza di qualcosa di santo «e di antico e di
molto venerando». Il pastore che lo guidava è, per il gregge, un
dio:

> Ti mena un vecchio sui piedi malcerto,
> un dio per te, popolo nel deserto.

Il patriarca sembrò una conferma del pessimismo innato (a fondo
semitico) di Saba. E certamente, almeno nella prima parte della
sua vita e della sua opera, Saba fu un pessimista. Ma non al punto,
né per le ragioni che si è creduto. Saba – come gli altri uomini, forse piú – aveva sofferto abbastanza per comprendere che la vita individuale, nella quale i mali sono prevalenti sui beni, che porta in-
site in sé le necessità della vecchiaia, della malattia e della morte,
può bene nascondere, alle sue origini, un errore; essere – come
pensava il suo patriarca – il peccato originale: [...].

Caffè Tergeste – una delle poesie piú conosciute di Saba – fu
pubblicata la prima volta in un *Almanacco* della «Voce». La poesia era accompagnata da una fotografia: la prima di lui che sia state edita. (I suoi contemporanei si affrettarono a dire e a scrivere
che era quella di un cameriere di grande albergo: una vera calun-
nia). *Caffè Tergeste* ricorda l'epoca dolorosa di *Trieste e una donna*, di cui l'eco si prolunga in tante poesie della *Serena disperazione*. Il poeta rammenta i giorni nei quali, quasi nascondendosi, ai
suoi tavoli bianchi:

> Caffè di plebe, dove un dí celavo
> la mia faccia...

Oggi invece, a quelli stessi tavoli, scrive «i suoi piú allegri canti».
(Quelli allegri canti scritti a un tavolo da caffè fecero venire in
mente... Verlaine). La poesia chiude con una nota... politica: un
accenno, di carattere conciliativo, agli slavi di Trieste, che i nazio-
nalisti d'allora (e forse anche quelli di oggi) gli rimproverano, a
torto o a ragione, acerbamente:

> E tu concili l'italo e lo slavo,
> a tarda notte, lungo il tuo bigliardo.

(Parlando di questa sua poesia, piú famosa – pensiamo – di quanto meriti, Saba lamenta di non essere riuscito ad inserirvi, per ragioni di rima od altre, tre versi che gli nacquero prima degli altri,
e che, secondo lui, sarebbero stati i piú belli del componimento.
Dicevano:

> Caffè di ladri, caffè di puttane,
> dove passa la ronda a mezzanotte,
> dove vissi giornate vane vane.

Però, a rileggerli oggi, non sembra che, perdendoli, la poesia abbia perso molto. Sono scritti con molta passione, e forse Saba li
caricava di valori emotivi piú intensi che non risultino nella loro

realtà estetica. Per quanto strano possa sembrare, questi scambi di valori sono possibili solo nei poeti che si trovano ad uno dei due estremi della scala; nei mediocri mai, o quasi mai).

«Poesie scritte durante la guerra».

[...] Il poeta lo conobbe ferito all'ospedale. Anche qui, come nei *Versi militari*, l'accento lirico cade sull'amore per il popolo italiano e i semplici cuori. Un giorno Saba sorprese il giovane soldato intento a scrivere di sé: «Io sono un quore che con quista molti quori». Era (da «un quore» in poi) un verso, anzi un endecasillabo perfetto. Saba lo conservò intatto; ne fece, coi suoi cari errori d'ortografia, il verso finale del componimento. Parve una stranezza; e non era. Molti, parlando di Saba, citarono quel verso; del resto del componimento non fecero, o quasi, parola. [...]

«Cose leggere e vaganti» (1920).

[...] Chi ricorda gli anni che seguirono immediatamente la prima guerra mondiale, ricorderà anche l'aria euforica e di (illusoria) libertà che si respirava in quel breve periodo. Furono anche gli anni dei piú pazzi tentativi «rinnovatori» in tutte le arti, poesia compresa. (La poesia è – relativamente – la piú statica delle arti). Saba, oltre ad essere, per costituzione, troppo, in questo senso, sano, era già troppo se stesso per essere toccato da quelle «audacie», delle quali oggi non rimane che un vago ricordo. Ma, oltre ai motivi di gioia che gli venivano dal tanto sospirato ritorno a Trieste, egli sentí quell'aria euforica, e la fede, a suo modo, sua. Abbiamo già osservato che Saba, pure essendo, come tutti i poeti, un egocentrico, fu anche, piú di qualunque altro, sensibile agli avvenimenti esterni, alle correnti e ai rumori che si avvertono nella conchiglia del mondo (Benco). *Cose leggere e vaganti* sono nate, psicologicamente, da quel clima.

La raccolta comprende dodici brevi poesie; il filo che le lega è lo stato d'animo al quale abbiamo accennato e che inclinava il poeta ad amare le cose, che per la loro leggerezza, vagano, come liete apparenze, sopra e attraverso le pesantezze della vita. Aveva voglia cioè di divertirsi e di giocare. Ma non lo sapeva ancora far bene e perfettamente; non era ancora abbastanza «giovane»; qui egli parla ancora troppo di cose leggere perché possiamo crederlo diventato egli stesso, in profondità e *per* profondità, un leggero. [...]

«*L'amorosa spina*» (*1920*).

Dopo *Cose leggere e vaganti* le poesie dell'*Amorosa spina* segnano quasi una regressione. Della, molto relativa, felicità di Saba, della sua, piú vantata che raggiunta, «leggerezza», non si trova in esse quasi traccia.

Anche queste poesie si aggirano intorno ad una figura di fanciulla. Chiaretta è, dopo Lina, la figura femminile piú rilevante del *Canzoniere*. Il poeta le ha dedicata *L'amorosa spina*, buona parte delle *Canzonette*; l'eco della sua grazia si prolunga anche al di là delle *Canzonette* e di *Fanciulle*.

Sentimentalmente, le poesie dell'*Amorosa spina* hanno – malgrado alcune apparenze contrarie – un carattere piú grave, piú impegnativo. [...]

Dopo l'ultima poesia, secondo noi la migliore della raccolta, una poesia francamente erotica, un invito alla «sovrumana dolcezza», all'«amara dolcezza»

> che so che ti farà i begli occhi chiudere
> come la morte,

troviamo nel *Canzoniere* una carta bianca, e, subito dopo, una lirica intitolata *In riva al mare*. La carta bianca sta ad indicare che la lirica fa e non fa parte dell'*Amorosa spina*. Suona infatti come la ritrattazione di «sovrumana dolcezza». – Come – dice il Varese (sebbene con parole un po' diverse dalle nostre) – il Petrarca si rammaricava di aver preferito Laura a Dio, cosí Saba chiede perdono alla morte di averle preferito la vita. Seduto, un pomeriggio festivo, alla riva del mare, convinto di essere giunto (i poeti sono sempre degli incorreggibili ottimisti) «ad un culmine del suo dolore umano», egli dipinge quel paesaggio:

> Passò una barca con la vela gialla,
> che di giallo tingeva il mare sotto,
> e il silenzio era estremo...

e, in quel silenzio, quello stato d'animo:

> ... Io della morte
> non desiderio provai, ma vergogna
> di non averla ancora unica eletta,
> di amare piú di lei io qualche cosa
> che sulla superficie della terra
> si muove, e illude col soave viso.

Con questa palinodia termina *L'amorosa spina* e terminava, nel 1921, il primo *Canzoniere*. Comprendeva meno della terza parte di quella che doveva essere poi l'opera completa. Era un libro di 222 pagine fitte di stampa, edito dalla Libreria Antiquaria dell'Autore, e tirato a soli 600 esemplari. Esaurita l'edizione (che mise però molti anni ad esaurirsi) tutta una parte – e delle piú importanti – della poesia di Saba rimase, fino al 1945, ignota. [...]

«Preludio e canzonette» (1922-1923).

[...] Precedute da un *Preludio* (*Il canto di un mattino*) [...] e seguite da un *Finale*, le *Canzonette* di Saba sono dodici. Quasi tutte si rivolgono a Chiaretta; prendono da lei lo spunto o il pretesto.

[...] La famosa canzonetta *Le quattro stagioni* è ancora una volta una poesia, apparentemente, da «libro di lettura». Si direbbe che uno dei compiti che si prefisse Saba sia stato quello di rifare le poesie che leggeva nei suoi libri di scuola. Nessuno ha meno di lui sdegnati i vecchi tempi e i vecchi paragoni; nessuno ebbe, come lui, la forza di rinnovarli. [...]

Al tempo lontano che Saba scriveva le sue *Canzonette*, una canzonetta (e questa canzonetta davvero) correva per le vie di Trieste e probabilmente di tutta l'Italia. Era semplice e commovente, quali ne sorgono di rado, e che – nate da un'ispirazione felice – si conservano piú a lungo. Diceva:

> Cosí piccina mia, cosí non va;

diceva che, se l'amore doveva essere un tormento, era meglio (come se la cosa fosse altrettanto facile a farsi che a dirsi) dirgli addio per sempre, e non pensarci piú. Insomma una vera poesia. Nessuna meraviglia che sia piaciuta a Saba, che le deve forse l'idea di scrivere le canzonette. Certamente le deve il preludio, il ben conosciuto *Canto di un mattino*, nel quale frammenti di lei sono inseriti, secondo un procedimento non nuovo nel Nostro, perché le sue «citazioni» egli non le prese solo dai classici, ma anche dalla Musa popolare. Ma lo sfondo della poesia è una strana scena – e ben sabiana quest'ultima – alla quale il poeta immagina di aver assistito un'alba, lungo la riva del mare. Non sa – dice – se vi ha assistito in sogno o vegliando.

Un marinaio «quasi ancor giovanetto» toglie la gomena che legava alla colonna dell'approdo la sua piccola barca, e si appresta a salpare. È solo. E, mentre attende al suo lavoro, canta appunto quella canzonetta. Si ascolti il rilievo, la vastità che essa prende, inserita nei semplici versi di Saba:

> E l'udivo cantare
> per se stesso, ma sí che la città
> n'era intenta, ed i colli e la marina,
> e sovra tutte le cose il mio cuore:
> «Meglio – cantava – dire addio all'amore,
> se nell'amor non è felicità».
> Lieto appariva il suo bel volto...

Il marinaio si rivelerà poi, alla fine del preludio, come, al tempo stesso, una figura mitica ed un «ragazzo di Saba»:

Si tacque a un tratto, balzò nella nave,
chiara soave rimembranza in me.

Il canto di un mattino è, decisamente, una delle poesie maggiori
del Nostro. È un canto di serenità distesa, tutta impregnata d'alba; la voce del marinaio risuona, nel silenzio dell'ora, come un
monito al poeta, che si chiede perfino se la sua tristezza non sia
una colpa. [...]

Il *Finale* lamenta l'instabilità delle cose umane:

L'umana vita è oscura e dolorosa,
e non è ferma in lei nessuna cosa.

Solo attraverso l'arte il poeta riesce a vincere la propria angoscia
davanti al perenne scorrere e variare delle apparenze. Tutto muta, anche l'effimera ispiratrice delle sue *Canzonette*. Saba esprime
il suo tormento e la sua consolazione usando i termini piú dimes-
si, le parole piú comuni del vocabolario, che ogni altro poeta italiano, antico o recente (ma specialmente recente) avrebbe, come
i triti paragoni, disdegnati:

                    Era Chiaretta
una fanciulla, ed ora è giovanetta,
sarà donna domani. E si riceve,
queste cose pensando, un colpo in mezzo
del cuore. Appena, a non pensarle, l'arte
mi giova, fare in me di molte e sparse
cose una sola e bella...

A questo, a vincere cioè col tormento dell'arte, e nell'illusione
dell'immortalità dell'arte, tormenti ancora piú sterili ed illusioni
ancora piú fallaci, gli ha servito il difficile lavoro di «tornirsi le sue
canzonette».

«*Autobiografia*» (*1924*).

[...] Fece un poco quello che fece il Carducci in *Ça Ira*: ogni sonetto un episodio. E questo è l'*Autobiografia* di Saba: un seguito
di episodi, intensamente rivissuti e cantati. Essa doveva dargli attraverso l'arte, l'assoluzione della sua tormentata esistenza; essere
come una pubblica confessione del confessabile. Un'opera insomma – per quanto riguardava la persona dell'Autore – «catar-
tica». Lo sarebbe anche stata... se avesse incontrato, al tempo in
cui fu scritta, un maggiore succcesso. Ma (e questa è un'altra
«scorciatoia» di Saba): «successo mancato vuol dire assoluzione
negata». Tutti gli artisti (quelli specialmente che superarono il
loro tempo) ne sanno qualcosa. [...]

« Fanciulle » (1925).

[...] Le *Fanciulle* piacquero subito, e forse continuano a piacere piú di altre cose, molto maggiori, del Nostro. Furono parago-
nate a statuette di Tanagra; il paragone, almeno per le piú riuscite
della serie, non è inesatto. Antonio Baldini, le poche volte che abbiamo avuto il piacere di vederlo, e di consolarlo, e cercare di
consolarlo, delle sue noie, ce ne parlava spesso e volentieri.
« Sono » ci diceva « le poesie di Saba alle quali rimango piú affezionato ». Noi non siamo del suo parere. Riconosciamo però che
nel « romanzo » del *Canzoniere*, esse aprono una leggiadra paren-
tesi, che non potrebbe, senza danno ed impoverimento dell'insieme, essere tolta.

« Cuor morituro » (1925-1930).

Cuor morituro è una delle raccolte piú rilevanti del *Canzoniere*.
Abbraccia circa dieci anni della vita del poeta; alcune delle di-
ciannove poesie che la compongono furono scritte dopo *L'Uomo*,
dopo *Preludio e fughe*, l'ultima (*Preghiera alla madre*) dopo o durante *Il piccolo Berto*. Il lettore vi troverà molte delle liriche piú fa-
mose e citate di Saba, quali *Il borgo*, *La brama*, la *Preghiera alla
madre*.
Tutte, o quasi, le poesie della raccolta appartengono ad uno
dei periodi piú angosciati di Saba. La serenità che, nel primo sonetto dell'*Autobiografia*, egli augurava alla sua sera (« La mia giornata a sera si rischiara ») e che forse egli s'illudeva d'aver raggiunta,
o di essere prossimo a raggiungere, erá ancora da lui ben lontana.
Cosí pure l'idea di essere entrato, intorno ai quarant'anni, nella
sera della sua vita, era stata per Saba un'illusione. Molto gli rimaneva
ancora da superare, prima e dopo la « crisi » del *Piccolo Berto*. [...]
L'angosciata *Vetrina* (un armadio a vetri, come si affrettò a
spiegare il Debenedetti, che lo vide in casa del poeta, rimediando
cosí ad un'espressione forse impropria – dialettale – di questi)
avrebbe dovuto essere una delle poesie antologiche di Saba (per
quanto Saba possa essere un poeta antologico); [...].
La brama è, essa pure, una delle grandi poesie di Saba; ed anche, a differenza della precedente, delle piú conosciute e citate.
Noi possiamo rimproverarle un solo difetto – raro nel Nostro –
un po' di eloquenza. La voce del poeta è bene la sua, ma ci giunge
come amplificata da un altoparlante. L'amplificazione non è nei
particolari, che sono anzi sobri e precisi, ma nell'impostazione
troppo esclamativa della lirica.
La brama deriva sensibilmente dal *Pensiero dominante* di Leopardi; ed anche, un poco, dal risveglio di Tristano all'ultim'atto.

Vogliamo dire che Saba aveva, quando scrisse questa poesia, ac-
colte ed assimilate dentro di sé quella lirica e quella musica. (Anche le parole – una parola almeno – di quella musica). La brama
di cui parla Saba è la brama carnale; essa accompagna l'uomo dalla nascita alla morte, non gli dà pace né tregua. Il poeta ne soffre
e, al tempo stesso, le è grato. È solo per essa che vede

> gente andare e venire,
> alte navi partire,
> del vasto mondo farsi
> ... solo una cosa;

riconosce insomma in lei l'antico Eros che unifica il mondo. [...]

Quelli (e sono necessariamente pochi) che hanno letto il primo
Canzoniere, ricorderanno forse, sia pure vagamente, una poesia,
molto giovanile, di Saba, che si intitolava essa pure *Il borgo*. Era
una poesia di scarso o nessun valore, con note di «poesia civile»,
carducciane e socialisteggianti, alla maniera in uso nei primissimi
anni del Novecento. Nella prima strofa di questa (poeticamente)
disgraziata poesia (nel secondo *Canzoniere* Saba si affrettò a to-
glierla), l'Autore (non ci regge qui il cuore di chiamarlo poeta)
parlava, a vent'anni, di «estreme giornate di mia vita». Si pensava
allora molto ammalato; e piú – aggiungeva una note in calce – d'a-
nimo che di corpo. Forse era affascinato dall'idea del suicidio;
certo è che, con quella poesia, egli temeva, o sperava, di aver salutato per l'ultima volta il suo amato borgo. Nella lirica omonima
della maturità, Saba rievoca quel suo stato d'animo, quel suo
grande e, in parte, superato dolore. Lo rievoca, e ne dà, a se stesso, la ragione profonda, essenziale. La commozione, l'intenteri-
mento che lo vinse allora, alla vista degli operai che tornavano in
lunghe file dal lavoro, era il desiderio di uscire dal proprio io, di
far parte anche lui della comunità umana. [...]

Il borgo riflette una parte del dramma umano di Saba, e di tutti
gli uomini come Saba, condannati dalla fatalità interna ad una
specie di fiera involontaria solitudine. Abbiamo già detto che è
una delle sue grandi poesie. Alcuni accenti fanno presentire le
voci delle *Fughe*.

[...] In *Tre punte secche* il poeta prende, già dal titolo, chiara
coscienza della sua – diciamo cosí – «nuova maniera». O meglio,
dopo di averla esperimentata, la dichiara. [...]

«Eros» è una parola cara a Saba, che considera i poeti «sacerdoti di Eros» (forse in contrapposto agli uomini politici, che
sono, nella maggior parte dei casi, «sacerdoti dell'aggressione»).
La poesia che in *Cuor morituro* porta il nome del piccolo dio gre-
co, deve essere stata scritta o dopo, o contemporaneamente, al
Piccolo Berto, del quale ha, formalmente, tutte le caratteristiche.
Il verso, direbbe un avversario di Saba, è quanto mai «prosasti-
co»; vedremo poi, quando esamineremo *Il piccolo Berto*, che si
tratta di altra cosa, e che proprio in quel gruppo di poesie si leg-

gono alcuni dei suoi versi piú sorprendenti. *Eros* porta il lettore in uno degli ambienti popolari cari a Saba (e speriamo anche ai lettori di Saba): questa volta in uno di quei cinematografi d'infimo ordine, nei quali, prima o dopo la proiezione del film, il frequentatore può assistere ad esibizioni di quell'arte che si chiama «varietà» ed è – come ci disse un giorno Tecoppa – l'arte che varia meno nei secoli. [...]

Alla *Preghiera per una fanciulla povera* fu già da noi accennato quando abbiamo indicato questa poesia al lettore come caratteristica di un procedimento caro a Saba, quello di inserire – contro tutti i canoni della modernità – un «canto» in una «novelletta» (o favola o apologo) e far nascere il primo dalla seconda. Anche qui il canto, che serpeggia represso lungo il breve componimento, si libera – esplode – nella strofa finale, costituita (come già in *Eros*) da un unico verso: «apri le porte del tuo paradiso». [...]

Quando Saba scrisse *Eleonora* – la poesia piú angosciata dell'angosciato *Cuor morituro* – egli doveva esser giunto veramente ad un grado estremo di depressione. [...] Raramente Saba ha cantato con piú grazia una figura come in questi desolati versi di *Eleonora*, che la critica appena oggi comincia a scoprire. Aggiungeremo, come una curiosità, che i due ultimi versi della poesia:

> Non scorderò mai piú
> questo, Eleonora mia;

sono presi, quasi di peso, dal... libretto d'opera del *Trovatore*. Saba è stato un appassionato lettore di libretti d'opera, nei quali pretendeva di trovare una specie di «humus» formato dai detriti della grande poesia del passato. [...]

La *Preghiera alla madre* andrebbe letta meglio dopo *Il piccolo Berto*, a cui forse (l'osservazione – molto acuta – è di Sergio Solmi) appartiene piú che a *Cuor morituro*. Alla madre, morta da anni, e che il poeta dice di aver fatto «come un buon figlio amoroso soffrire» egli ritorna col pensiero, ora che crede di aver superati in se stesso i conflitti che avevano tanto fatto soffrire la madre e il figlio. Immagina che, nel verde giardino dove adesso abita (quello dell'ultima strofa di *Avevo*) anche sua madre si sia, come lui, pacificata

> Pacificata in me ripeti antichi
> moniti vani...

Ritorna con gioia a sua madre, al pensiero di sua madre, ma trova che questo ritorno all'infanzia, ai «complessi» dell'infanzia (bene inteso che, nella poesia, Saba non parla di «complessi») sia altrettanto pericoloso quanto dolce. (Forse è per questo, vero o sperato, «superamento» che la lirica si comprenderebbe meglio letta dopo *Il piccolo Berto*). In questo momento della sua vita, Saba si dice pieno di gioia, ma anche di stanchezza; tanto che vorrebbe egli pure entrare là dove sua madre era già entrata; farsi

come una macchia dalla terra nata,
che in sé la terra riassorbe ed annulla.

Con questi due versi, che sono tra i piú belli e straziati di Saba,
chiude *Cuor morituro*, uno dei libri piú artisticamente importanti,
e, a saperlo leggere, per il dolore sofferto e superato nel canto,
consolatori di tutto il *Canzoniere*.

«*Preludio e fughe*» (*1928-1929*).

[...] Le *Fughe* sono voci che si parlano fra di loro, s'inseguono
per dirsi cose ora contrastanti ed ora concordanti. Ma i loro contrasti – come la vita colle sue lotte, a chi potesse guardarla da suf-
ficiente altezza, apparirebbe univoca – sono solo apparenti. Le
voci sono, in realtà, la voce di Saba; l'espressione – diventata poesia – del sí e del no che egli disse alla vita, alla «calda vita», amata
ed odiata al tempo stesso e dalla stessa persona. Riflettono uno
stato d'animo, del quale Saba soffersé in modo piú acuto forse di
altri, ma comune agli uomini, che lo portano in sé senza sospettar-
lo, o almeno senza averne chiara coscienza. [...]

La cagione interna che permise a Saba di scrivere le *Fughe* è
quella che abbiamo ora, per sommi capi, esposta. Quella esterna
è un'altra, e noi la riportiamo come una curiosità. Non è – lo diciamo ben forte – legata all'esistenza di questa poesia, ed il lettore
potrebbe anche ignorarla. Quando Saba era molto giovane, s'era
messo in testa di studiare il violino; di diventare, benché non
avesse affatto orecchio... concertista. Fu un errore, nato sia dal
narcisismo dell'adolescenza, sia da un confuso bisogno di esprimersi. Ma questo «spaventoso errore» lo introdusse, in qualche
modo, nel mondo dell'arte. Il violino lo aveva aiutato ad aprire
una porta, che, per quanto sbagliata, era pur sempre una porta. E
quanto «avuto – di variopinti francobolli in cambio» il violino fu
messo definitivamente da parte, era già nata *Ammonizione*. Una
delle piú limpide poesie di *Ultime cose* (della quale abbiamo ora
citati due versi) ricorda quel disgraziato violino, che – confessa il
poeta – «il mio dono – non eri». Una sua ultima traccia si ritrova
nella copertina del *Canzoniere* Einaudi. Pregato dall'editore di
indicargli una vignetta da far figurare sotto il titolo, come Montale scelse un osso di seppia, Saba si ricordò del suo violino. (Nemmeno questa volta però il violino gli portò fortuna; la copertina
aveva una grande tendenza a staccarsi dal volume che avrebbe
dovuto proteggere; tanto che, quanto rimaneva dell'edizione, fu
dovuto mandare in legatoria, e il *Canzoniere* – che nella sua nuova
veste si esaurí rapidamente – essere venduto rilegato). Saba non
aveva – come abbiamo detto – orecchio, ma non mancava del tutto di un certo senso, o gusto, musicale (le due cose non sono –
come si sa – del tutto inconciliabili), e le *Sonate per violino solo* di

Sebastiano Bach, che egli non fu certamente mai in grado di eseguire, lo affascinavano in modo singolare, anche per motivi estranei, in parte, alla musica. Soprattutto lo aveva colpito una Fuga, che di quelle Sonate fa parte, e della quale si era provato a decifrare le prime note. Del violino Saba conservò poi, per lunghi anni, la nostalgia, legata – è ben probabile – a quella dell'adolescenza, tanto che, nella già menzionata poesia di *Ultime Cose* egli chiama l'istrumento

        ... sostegno
della difficile età, di lei nato
miraggio, a oscure inquietudini porto...

Ora accadde che un giorno – udendo una sua nipotina eseguire al piano alcuni esercizi – Saba ebbe egli pure la sua «strana idea»; quella – come gli diceva piú tardi, ridendo, Italo Svevo – di «suonare il violino sul piano». (Il piano, per le persone che non hanno orecchio, è un istrumento molto piú indicato del violino). Per attuare la «strana idea», Saba – che faceva allora il libraio antiquario – si comperò, a rate, un pianino. Prese anche delle lezioni, ma limitatamente alla sola chiave di violino. Si proponeva, in una parola, di eseguire al piano i pezzi – gli studi che, da ragazzo, non era riuscito a eseguire sul violino; fra questi la famosa Fuga di Bach. Non sappiamo fino a che punto egli abbia spinto la sua «strana idea»; ma come per un commerciante tutto diventa denaro, per un poeta tutto diventa poesia. Per Saba quella di «suonare il violino sul piano» si trasformò – altre circostanze aiutando – nel libro che adesso s'intitola *Preludio e Fughe.*

Le *Fughe* sono dodici, e tutte (se si eccentui il *Canto a tre voci,* che è un poco altra cosa, e del quale parleremo separatamente e distesamente) nascono dalla stessa «discordia» e si risolvono negli stessi «dolcissimi accordi» che il *Preludio* invoca. Una voce lieta ed una malinconica, una, di fronte alla vita, «ottimista» e l'altra «pessimista», si scambiano, per cosí dire, le parti, penetrano una nell'altra. [...]

L'immenso canto ha sette riprese; vale a dire che le tre voci riprendono per sette volte, ogni volta variandolo, il loro «tema». Ogni ripresa ha quattro strofette, composte di ottonari rimati. La tessitura è quanto mai semplice; meraviglioso è che Saba sia riuscito a condurre fino in fondo il suo «gioco» senza un momento di stanchezza. Quante cose «l'artigiano Saba», il «modesto artigiano della poesia», al quale – come si sa, e per impedirgli di vedere al di là del suo «umile lavoro» –, un provvidenziale destino aveva messo davanti agli occhi un altrettanto provvidenziale paraocchi, aveva da dire – proprio negli anni in cui di lui si dicevano e si scrivevano queste amenità – dal fondo della sua «oscura bottega d'antiquario» in via San Nicolò 30 a Trieste!

Interrogato sulle origini interne ed esterne di questa poesia,

Saba le dà volentieri, aggiungendo però che, anche questa volta, egli le comprese solo molto tempo dopo di averla scritta.

Un giorno – alcuni anni prima del tempo delle *Fughe* – egli vide una fanciulla molto giovane ancora, molto – come a quell'età usa – amante di se stessa, e solo di se stessa. Sedeva davanti ad uno specchio (lo stesso che il lettore ritroverà nella poesia del *Piccolo Berto* che a lui s'intitola); le stavano accanto, uno alla sua destra ed uno alla sua sinistra, due amici. Il primo era un giovane fatto, il secondo poco piú che adolescente. Parlavano, senza farle direttamente la corte, d'amore. Ed uno di essi, il primo, vantava dell'amore le facili delizie; l'altro i (per lui) deliziosi tormenti. La fanciulla ascoltava l'uno e l'altro; sembrava però lieta di non dover ancora nulla a nessuno. Sembrava assente, intesa solo a vagheggiarsi allo specchio: senonché, pian piano, porgeva sempre piú orecchio a quello che i due giovani dicevano in presenza di lei, e, benché a lei non si rivolgessero, per lei. Due ragazzi che fanno la corte ad una fanciulla e cercano di sopraffarsi a vicenda, non è uno spettacolo raro a vedersi. La fanciulla molto ancora «narcisa»; i due ragazzi, a giudicarli dai discorsi che tenevano, nati sotto due costellazioni diverse: il piú adulto – direbbe Young – sotto quella dell'«estraversione», il minore sotto quella dell'«introversione» degli istinti. Ecco, nelle loro remote origini, nelle origini – diremo cosí – terrene, la prima, la seconda e la terza voce. Saba registrò la scena nella sua memoria; se ne ricordò (inconsciamente) quando gli nacque l'idea del *Canto a tre voci*. Né sappiamo dire quanto esso conservi, nella sua realtà poetica, di quelle remote origini. Qualcosa forse è avvertibile, ma come un'eco lontana, infinitamente trasformata, del fatto di «cronaca azzurra» nel quale Saba crede di aver trovata, a posteriori, la prima radice della sua ispirazione.

Si è detto da molti che la terza voce è la voce della poesia, che riflette ad un tempo se stessa ed il mondo esterno. «Le tre istanze – dobbiamo citare ancora il Debenedetti – che, lungo tutta la poesia di Saba, avevamo identificate come le piú assidue abitatrici del suo cuore: la vena della gioia, la vena della malinconia e la vena contemplativa, che le specchia entrambe in uno con gli svariati aspetti del mondo – si sciolgono da ogni pretesto occasionale e si modulano, intatte, nella loro purezza di figure ancora tutte spirituali». Hanno ragione tutti e due: in cielo il Debenedetti, e in terra Saba. Il *Canto a tre voci* è , ad un tempo, un'architettura aerea e tutta spirituale di movimenti dell'anima; ma, come un'anima non può esistere senza un corpo – o almeno non sarebbe da noi percepibile – il canto è anche un «contrasto amoroso» tra due giovani ed una fanciulla. Il «contrasto» ha fornito alla lirica gli accenti verdiani dei quali parlava il Quarantotti Gambini:

La bellezza m'innamora,
e la grazia m'incatena,

e non soffro un'altra pena
se non è di ciò l'assenza.

Alla mesta adolescenza
ho lasciati i sogni vani.
Esser uomo tra gli umani,
io non so piú dolce cosa.

Abbiamo sottolineato l'ultimo verso perché il componimento è, per cosí dire, imperniato su di lui. Si ripete un numero infinito di volte, ora sempre uguale, ora con l'aggettivo mutato (invece di dolce, grande, lieta, vana, breve, ecc.), ora spezzato nell'interno delle strofe; ma quasi ogni ripresa s'inizia col suo ritorno. Le voci, attraverso un continuo variare e trasformarsi del tema iniziale, mantengono inalterato il loro carattere, dal principio alla fine. Solo la terza voce serba – com'è nella sua natura – qualche ambiguità. Il male e il bene – dice annunciandosi questa terza voce (che potrebbe benissimo essere quella della poesia),

tutto è puro quando viene
all'azzurra mia pupilla,

come a un'acqua che tranquilla
coi colori della sera,
specchi i monti, la riviera,
i viventi, ogni lor cosa;

ma poi, lentamente, per gradi successivi, opera il suo calarsi sulla terra:

Non mi nego ai tuoi supplizi,
non ho in odio i tuoi piaceri...

Io non so – le dice all'ultima ripresa la prima voce – piú dolce cosa di ascoltarti; ma se sei «celata una fanciulla», svelati, e «dalla tua culla – d'aria scendi al mio richiamo»...Io non so – interviene la seconda:

Io non so piú dolce cosa,
né piú vana, amico errante.
Parla un angelo, e un amante
in lui pinge il tuo desio...

e la prega di dimorare ancora un poco «qui con noi, fra terra e cielo». Allora, rivolgendosi sia all'uno che all'altro degli interlocutori – la terza voce chiude il canto, confessando la sua dipendenza da entrambi e, al tempo stesso, la sua libertà:

Nata son dal suo disgusto;
nata son dal tuo tormento;
tanto vita esser mi sento
quanto amate il viver mio.

Ma, se voi tacete, anch'io,
ecco, in aere mi risolvo;

con voi libera m'evolvo,
muoio libera con voi.

Con la sua andatura quasi di canzonetta, coi suoi versetti brevi e
leggeri, il *Canto a tre voci*, alla cui composizione forse non furono
estranee le voci dell'«isola di Prospero» (Varese), dice delle cose
piú, poeticamente e umanamente, profonde che siano state dette
nella poesia italiana di tutti i tempi. È un mare, nel quale il nuotatore può tranquillamente immergersi, qualche lieve impurità che,
qua e là, per avventura galleggi, può dissuadere solo chi, o per
paura dell'acqua mossa, o per congenita incapacità di nuotare,
vada in cerca di un pretesto. [...]

[...] Nel *Canzoniere* Einaudi le *Fughe* sono seguite da due *Con-
gedi*; mentre, in antecedenti edizioni, il *Congedo* era uno solo [...].
Dobbiamo dire che il secondo [...] era l'originale. Non potendo
– nel 1929 – pubblicarlo, il poeta lo sostituí con l'altro che dà, in
luogo del clima esterno, il clima interno delle *Fughe*. Malgrado
l'ultimo verso – che sa un poco di letteratura – Saba conservò poi
anche il primo.

Forse il lettore avrà provato un momento di meraviglia, uden-
doci affermare che il fascismo non è stato del tutto estraneo alla
genesi delle *Fughe*. Diremo di piú: è probabile che, senza il fascismo, Saba non avrebbe scritte queste poesie e che esso ne fu – almeno quanto il violino – una delle cause piú efficienti. Non potendo in nessun modo reagire a quello che egli presentiva un fu-
nesto errore, e soffrendo moltissimo, e dell'errore in sé e della sua
impotenza, egli si rifugiò piú che mai in se stesso, tappandosi –
anche materialmente – le orecchie, per non udire le voci degli al-
toparlanti, e ascoltando invece, con piú concentrata attenzione,
altre «voci» che si combattevano nel suo cuore «dal nascere in
due scisso». Tracce di fascismo sono anche qua e là sensibili, specialmente nel *Canto a tre voci*. Un vago accenno a Mussolini – a
quello che Mussolini pretendeva di essere – si può leggere nella
terza ripresa, dove la prima voce esalta «chi si sente a un dio – nel
volere assomigliante» e – senza desiderarsi un destino simile, perché – dice – «in una bella – forma appago ogni desio», lo indica
ai sogni giovanili del suo avversario. I versetti coi quali questi gli
risponde:

Amo sol chi in ceppi avvinto,
nell'orror d'una segreta,
può aver l'anima più lieta
di chi a sangue lo percuote.

Bagna il pianto le sue gote
cresce in cuor la strana ebbrezza.
Per lui prova giovanezza
la sua grazia anche ai supplizi;

si lessero poi scritti sulle pareti di una cella di tortura a Firenze, al tempo dell'occupazione tedesca. Altre tracce del tempo si trovano nei due versetti (cantati dalla seconda voce):

> Là uccisor non v'è, né ucciso,
> e non torbida demenza...

Nel pensiero di Saba, l'ucciso era Matteotti, l'uccisore Dumini, e torbida demenza il fascismo.

«Il piccolo Berto» (1929-1931).

[...] Il piccolo Berto è una specie di «amoroso colloquio», non solo fra il poeta e la sua nutrice, ma, e più ancora, fra il poeta prossimo alla cinquantina e il bambino – quel particolare bambino – ch'era stato (o immaginava di essere stato) tanti anni prima. Cosa, quest'ultima, un poco irritante, e che, giustamente, irritò più di uno. Sembrava strano che un uomo dell'età e dell'esperienza di Saba, si fosse messo all'improvviso a fare all'amore con se stesso treenne. E che, sulla soglia della vecchiaia, sia andato «di pace in cerca» a conversare colla sua nutrice.

Noi non vogliamo giustificare nulla; vogliamo solo spiegare come queste strane poesie sono nate. Il paziente lettore ricorderà forse che abbiamo spesso parlato del «dolore di Saba», di quel «pensiero coatto» del quale, in termini crudi, egli accusa l'esistenza nel secondo sonetto dell'Autobiografia. Ed anche di una specie di «ambivalenza affettiva», che lo aveva accompagnato per quasi tutta la vita. Sono cose queste che possono far soffrire un pover'uomo più a lungo e più atrocemente di qualunque altra malattia, avvelenarne, per quanto alto possa essere il suo valore individuale e sociale, l'esistenza. Ora Il piccolo Berto porta una dedica: al dott. Edoardo Weiss. Tutti sanno che il dottor Weiss era uno psicanalista, anzi il «leader» dei pochi, vergognosamente pochi, psicanalisti italiani. Egli esercitava la sua impossibile (nel senso di difficile) professione a Trieste prima, a Roma poi; e questo fino che i «provvedimenti per la difesa della razza» non lo obbligarono a trasferirsi in America, a guarire cioè degli americani invece che degli italiani. È chiaro, attraverso la dedica, che il piccolo Berto è rinato durante una cura psicanalitica, il cui procedimento consiste nel rimuovere, o cercar di rimuovere, il velo d'amnesia che copre gli avvenimenti della primissima infanzia, e trovare in essi le ragioni dei conflitti che lacerano la vita dell'adulto. (Potremmo dire dell'umanità, solo che quello che, per il singolo, è l'infanzia, per l'umanità è la preistoria. L'umanità – lo si è visto fin troppo bene – è ammalata della sua preistoria). Ma non si spaventi il lettore. Noi non vogliamo parlargli né di «complessi», né di procedimenti psicanalitici, né di altre cose del genere, che sappiamo essergli – a torto o a ragione – in odio. Ab-

biamo solo voluto chiarire la, reale o apparente, stranezza di alcune poesie di Saba; ci affrettiamo ad aggiungere che *nulla v'è in
esse di psicanalitico*. Sono semplicemente dei ricordi d'infanzia. Il
poeta reagí al trattamento attaccandosi a quello che, della sua infanzia, andava, mano a mano scoprendo:

> Una tragedia infantile adorabile
> mi si va disegnando;

e trasformando i ricordi in poesia. Possiamo anzi dire che, dal
punto di vista della cura, reagí male. Il piccolo Berto, cosí rinato,
muore, o dovrebbe morire, nell'ultima poesia della raccolta (*Congedo*). In realtà, non morí mai del tutto; che, se questo fosse accaduto, il luttuoso fatto avrebbe avuto due conseguenze: la prima
che Saba sarebbe completamente guarito, la seconda che non
avrebbe piú scritto poesie: *non avrebbe avuto piú bisogno di scriverne.* (Sappiamo molto bene quanto queste affermazioni possono sembrare strane ed inutili al lettore; specialmente nella, per
noi deprecabile, evenienza che questi sia un filosofo idealista, o
un «critico puro», peggio ancora «ermetico»; ma sappiamo anche che non passeranno molti secoli – forse nemmeno molti anni
– che ci si meraviglierà solo che qualcuno possa essersi meravi-
gliato di queste semplici umane realtà, o averne – che è la stessa
cosa – sottovalutata la fondamentale importanza). Ora, nel caso
di Saba, non accadde né una cosa né l'altra. Accadde invece
che egli, piú o meno guarito, vide infinitamente piú chiaro in se stesso
e nel mondo esterno. Di questa raggiunta chiarezza e limpidità faranno prova (anche formalmente) le poesie che nel *Canzoniere* se-
guono immediatamente il *Piccolo Berto*, le quali pure (ci sentiamo
obbligati a ripeterlo) non hanno niente a che fare con la psicana-
lisi. [...]

Il difetto delle *Tre poesie alla mia balia*, di tutto *Il piccolo Berto*
(perché – malgrado molte bellezze formali ed umane – il libro ha
un difetto) è di natura psicologica. È il contrasto – che non sempre la poesia appiana – tra la frequente perfezione dei versi (il
poeta era vicino a *Parole*) e i sentimenti espressi:

> ...Il bimbo
> è un uomo adesso, quasi un vecchio, esperto
> di molti beni e molti mali. È Umberto
> Saba quel bimbo. E va, di pace in cerca,
> a conversare colla sua nutrice...

«Esperto di molti beni e di molti mali»: Saba pensava, probabilmente, ad Ulisse. Ma Ulisse andava a conversare colla dea Circe,
e non con la sua nutrice. (Sebbene...) Saba in queste poesie ricorda, un poco, un uomo intento a costruire per sé (non per un suo
figlioletto) un aquilone, con mani estremamente abili e adoperan-
do un materiale prezioso. O che si lasci sorprendere montato sopra una seggiola, a liberare di là delle bolle di sapone... Non è un

delitto certamente (nemmeno un delitto contro le Muse), ma qualcosa che può, fino a un certo punto, dar ragione a quel professore di belle lettere che, come lesse le *Tre poesie alla mia balia*, invocò sul poeta, e forse anche sulla sua incolpevole nutrice, i rigori del regime allora felicemente imperante.

[...] *Cucina economica* divaga, un poco, dall'«argomento» del *Piccolo Berto*; forse anche per questo la poesia è piaciuta piú di altre della raccolta. In uno di quelli ambienti popolari, dove Saba placava, a volte, la sua pena di vivere, [...].

Anche *Eroica* è un ricordo della prima infanzia:

> Nella mia prima infanzia militare
> schioppi e tamburi erano i miei giocattoli...

Quando sua madre gli tolse quei giocattoli, in luogo dei quali «gli pose a guardia il timore»; essi diventarono, nascosti nel suo cuore, i *Versi militari*; cosí come gli «assidui moniti» della madre diventeranno nel figlio le favole e gli apologhi del *Canzoniere*, la «moralità» dei quali è però, il piú delle volte, e forse per reazione, una moralità liberatrice.

[...] *Il piccolo Berto* soffre, in larghe zone, di uno squilibrio psicologico, di una sproporzione fra i mezzi e lo scopo, e che il lettore anche piú affezionato a Saba, piú indulgente alle sue umane debolezze, alla sua «disarmata goffaggine», può sentirsi offeso, o almeno incapace di partecipazione, davanti all'eccessivo amore di un uomo già innanzi cogli anni verso la propria primissima infanzia. A questo errore (in quanto errore fu) il poeta rimedierà coi suoi libri immediatamente successivi, con *Parole* cioè e con *Ultime cose*, alla limpidità e universalità dei quali egli non sarebbe potuto giungere se non fosse passato prima attraverso la «crisi di narcisismo» del *Piccolo Berto*.

«Parole» (1933-1934).

[...] Con *Parole* prima, con *Ultime cose* poi, Saba abbandona del tutto la sua vena narrativa, che tanto, e tanto a torto, aveva disturbati i suoi critici. Saba vecchio avrà meno cose da narrare (almeno in versi), e piú da cantare. Saba di *Parole* e di *Ultime cose* si presenta al nostro giudizio come «un lirico puro». [...]

Il poeta, che deve aver provato, specialmente nella sua giovanezza, molte difficoltà col sonno, esprime in *Ceneri* quel delicato e precario stato d'animo che precede il sonno, quando un nonnulla basta per allontanarlo dalle ciglia dell'uomo bramoso di abbandonarvisi. È la poesia del dormiveglia; è il dormiveglia diventato poesia. È anche la piú musicale delle poesie di Saba; la parola vi si trasfigura in musica:

Ceneri
di cose morte, di mali perduti,
di contatti ineffabili, di muti
sospiri;

ceneri dalle quali, per investire il poeta, si alzano vivide fiamme,
fino che egli il sonno e le ceneri divengono una cosa sola;

e al sonno
con quei legami appassionati e teneri
ch'hanno il bimbo e la madre, ed a voi ceneri
mi fondo.

Invano l'angoscia insidia; egli sa ormai l'arte di disarmarla, di salire «come un beato le vie del paradiso» vecchie scale, di sostare
ad una porta alla quale suonava in altri tempi. L'ultimo bellissimo
verso:

Muto
parto dell'ombre per l'immenso impero

Saba lo tolse [...] al libretto d'opera del *Guarany*.

Cinque poesie per il gioco del calcio. [...] Saba ed il gioco del
calcio s'incontrarono per opera del «caso». (Abbiamo messa la
parola caso fra virgolette, perché – pur senza saper darne le ragioni – dubitiamo molto che a questo mondo esista un «caso»). Un
suo giovane amico (quello che in *Scorciatoie e raccontini* non vuole essere nominato, tanto che Saba pensò, per un momento, di
chiamarlo l'Innominato) gli cedette una domenica il suo biglietto
d'entrata allo stadio, dove – per un altro «caso» – egli non poteva
quel giorno recarsi. Saba era riluttante ad accettare. Non aveva,
fino allora, nessuna simpatia per i tifosi. Tutto quell'entusiasmo e
tutte quelle disperazioni per un pallone entrato o non entrato nella rete, lo irritavano. (Avrebbe preferito – si capisce – che i triesti-
ni si entusiasmassero per le sue poesie, delle quali invece non facevano nessun conto). Ma era una bella giornata – proprio lo
sfondo adatto per una poesia di Saba – ed egli, anche per far piacere a sua figlia, e a un'amica di sua figlia, accettò di assistere, una
volta tanto, ad una gara. La gara era fra la potentissima Ambrosia-
na e la vacillante Triestina; e si concluse con quel «nessun'offesa
varcava la porta» della poesia *Tre momenti*; vale a dire con uno
zero a zero. Date le proporzioni delle forze in campo fu una vittoria della Triestina. Appena vide i rosso alabardati uscire di corsa
nel campo fra il delirante entusiasmo della folla... il poeta si sentí
perduto. L'amico che gli aveva regalato il biglietto disse poi che
la cosa era stata da lui perfettamente prevista. E noi, che conside-
riamo il nostro Innominato come la persona piú intelligente che
abbiamo avuto il piacere di conoscere, non facciamo nessuna fatica a credergli.

Nulla infatti, se si esamina l'accaduto un poco in profondità, è meno strano dell'entusiasmo di Saba. Egli si entusiasmò per le stesse ragioni per le quali si entusiasmavano gli altri; vi mise, di suo, una piú chiara coscienza di quelle ragioni. Dice ai rosso alabardati:

> Giovani siete, per la madre vivi,
> vi porta il vento a sua difesa. V'ama
> anche per questo il poeta, dagli altri
> diversamente ugualmente commosso.

(La madre sarebbe la città nativa, della quale i giocatori di *Squadra paesana* portavano l'emblema sulla maglia, e che simbolicamente difendevano nella rete). Secondo Saba, la gente (e lui stesso) non si eccita tanto per il gioco in sé, quanto per tutto quello che, attraverso i simboli espressi dal gioco, parla all'anima individuale e collettiva. E le *Cinque poesie per il gioco del calcio* sono nate in Saba da un'ultima possibilità che gli veniva offerta di «conpalpitare» cogli altri, di realizzare, in una festa popolare, «il sospiro dolce e vano» di cui parla nella poesia *Il Borgo*; di essere una volta tanto,

> come tutti
> gli uomini di tutti
> i giorni.

Le sue poesie sportive ripetono, in forma arrovesciata, il motivo del *Borgo*: invece del dolore di non poter mai assomigliare alla maggioranza degli uomini, cantano la gioia di assomigliarle. Aggiungi, se vuoi, il piacere visivo di uno spettacolo per se stesso bellissimo, che però non sarebbe bastato, senza un contenuto emotivo piú forte, ad accendere la sua immaginazione, al punto da trasformare la visione in poesia. Egli dice ancora ai rosso alabardati, a proposito del loro gioco.

> Ignari
> esprimete con quello antiche cose
> meravigliose,
> sopra il verde tappeto, all'aria, ai chiari
> soli d'inverno;

e delle accoglienze tributate ai suoi idoli dalla folla accalcata nei posti popolari, quando ne riceve il saluto:

> ...Poi,
> quello che nasce poi
> che all'altra parte vi volgete, a quella
> che piú nera si accalca, non è cosa
> da dirsi, non è cosa ch'abbia un nome.

Da questi, come da tutti gli altri versi del gruppo, si sente che il poeta era veramente ispirato, e ispirato fino alle lacrime. *Le cinque poesie per il gioco del calcio* sono nate, come tutte le grandi poesie di Saba, da una lacrima e da un brivido. Non è a freddo, non è per un « giochetto letterario » che si scrive l'ultima strofa di *Tre momenti*.

> Festa è nell'aria, festa in ogni via.
> Se per poco, che importa?
> Nessun'offesa varcava la porta,
> s'incrociavano grida ch'eran razzi.
> La vostra gloria, undici ragazzi,
> come un fiume d'amore orna Trieste.

Le *Cinque poesie* s'intitolano *Squadra paesana*, *Tre momenti*, *Tredicesima partita*, *Fanciulli allo stadio* e *Goal*. Anche la poesia seguente (*Cuore*), benché collocata fuori del piccolo gruppo, ne fa, in qualche modo, parte: il motivo lo vedremo poi. Le due prime le abbiamo già ricordate, ne abbiamo anche citati i brani. La *Tredicesima partita* non fu giocata a Trieste, né vi entravano i rosso alabardati. Il poeta si trovava, assieme a sua figlia, a Padova. Si disputava in quel pomeriggio (non festivo) una partita eliminatoria fra il Padova ed un'altra squadra della quale non rammentiamo il nome. Perderla avrebbe significato, per il Padova, la retrocessione dalla prima alla seconda categoria del campionato. Si può immaginare lo stato d'animo dei pochi padovani presenti; pochi perché – come abbiamo detto – il rito si celebrava in un giorno feriale. Il Padova aveva contro di sé un squadra molto più forte; per di più non era in forma. Uno dei giocatori si era, all'ultimo momento, ammalato; lo sostituiva un anziano grassone, che da molto tempo non giocava più, sembrava non potessere reggere alla fatica, e segnò il goal della vittoria. (Fu un delirio). Ma, prima che l'emozionante partita incominciasse, il poeta e sua figlia si accorsero di suscitare i sospetti – l'inimicizia – dei vicini. Si pensava che, come non parlavano il dialetto padovano, e non erano quindi di Padova, tenessero per la squadra avversaria. Quando invece, dai loro discorsi, si accorsero che desideravano la vittoria del Padova, i presenti improvvisarono loro quasi una piccola dimostrazione di gratitudine. « Quella signorina tiene per il Padova; quella signorina tiene per il Padova » si sussurravano l'un l'altro. E « la signorina che teneva per il Padova » fu ricompensata, alla fine della partita, con un mazzetto di fiori di campo, colti lí per lí in suo onore, nelle adiacenze del campo stesso.

La *Tredicesima partita* si svolse – e continua a svolgersi nella poesia di Saba – in un'atmosfera di « strana iridata trasparenza ». Era una giornata rigida; il vento deviava il pallone, la Fortuna

> si rimetteva agli occhi la benda.

Gli scarsi spettatori erano riuniti su di un'altura. Piaceva – dice il poeta, nell'ultima bellissima strofa della bella poesia (la migliore del gruppetto) –:

Piaceva
essere cosí pochi intirizziti
uniti,
come ultimi uomini su un monte,
e guardare di là l'ultima gara.

Sono, nella loro semplicità, versi che vanno molto al di là del gioco del calcio; potrebbero essere capiti e commuovere anche
quando gli uomini non giocassero piú al calcio, e non si sapesse
piú nemmeno in che cosa consisteva quel gioco; e perché suscitas-
se negli spettatori tante passioni.

[...] In *Felicità* Saba riprende l'argomento del primo dei suoi
Tre apologhi; quello che rifà la storia del (suo) dolore, e gli era stato – come abbiamo detto – suggerito da Nietzsche. Ma, mentre
nell'apologo *Trasformazione* si avverte, in contrasto a quell'asse-
rita vittoria sul dolore, come un resto di pesantezza, in *Felicità* la
parola testimonia, colla sua lievità, della meta raggiunta, o quasi
raggiunta. [...] Si legge, in questa bella poesia, un verso che, in
parte, non è di Saba: «Assumeremo un giorno la bontà – del tuo
volto». È il «Ripartirai piú tardi – per assumere un volto», di Eugenio Montale. Non occorre aggiungere che si tratta, ancora una
volta, di una «citazione», e di una citazione voluta. Se Saba avesse desiderato nascondere l'innocente furto, non aveva che da
cambiare il verbo; dire p. es. (e sarebbe stato, forse, nel suo caso,
anche piú bello): «Ritorneremo un giorno alla bontà – del tuo
volto». Ma il riferimento gli era caro. [...]
   Tre città (Milano - Torino - Firenze) sono tra le poesie piú conosciute e citate di *Parole*. [...] A Torino, se egli vi ritornerà mai,
fuggirà – assicura – ritrovi e amici , cercherà solo il soldato Salamano, «l'officina ov'egli invecchia». (Questo soldato Salamano
era un compagno di Saba durante la guerra, e non – come fu creduto – l'omonima medaglia d'oro). La poesia è un ricordo dell'altra guerra, della «guerra nostra», rievocata, attraverso la figura di
un compagno, con intensa sobrietà d'accenti.
   A Firenze Saba dice di esservi solo «per abbracciare il poeta
Montale», del quale – con velata allusione all'antifascismo che allora univa questi due poeti – chiama generosa la tristezza. [...]
   «*Frutta erbaggi*», l'umile negozietto che esibisce alla sete del
passante poche ceste, con entro «dolci polpe crude», e viene illuminato dall'improvviso irrompervi di un fanciullo:

Entra un fanciullo colle gambe nude,
imperioso, fugge via...

riprende il tema della madre (in questo caso – in senso traslato –
la botteguccia) e di quello che Saba avrebbe voluto essere nella
sua infanzia; il bel fanciullo imperioso. Al suo allontanarsi, la botteguccia si oscura «invecchia come – una madre». È il tema che

fu cosí caro a Saba e, prima di lui, a tanti poeti. Molti hanno creduto che il negozietto fosse quello della balia del piccolo Berto. Dobbiamo, su questo punto, disingannare il benevolo lettore. Il negozietto di *Tre poesie alla mia balia* era meno agreste. Era appena una tabaccheria. La nutrice di Saba pretendeva di averla ricevuta direttamente in dono... dall'imperatore Francesco Giuseppe, commosso da molte sue domestiche sventure.

Donna – la penultima poesia di *Parole* – canta la vittoria del poeta su alcuni suoi interni conflitti, ai quali sono dovuti gli accenti misogini sparsi qua e là per il *Canzoniere*. Egli non teme piú adesso la donna, la «pallida sognatrice di naufragi», di cui avvolge alle sue dita i capelli nerissimi; né, dietro a quei capelli, il «piccolo – bianco puntuto orecchio demoniaco». È una donna precisa, ma è anche la donna. L'una e l'altra avevano molto fatto soffrire il poeta; da quella sofferenza e da quella paura egli afferma di essersi liberato appena alle soglie della vecchiaia.

In *Lago*, nel «piccolo lago in mezzo ai monti» che ricorda a Saba la sua adolescenza e l'amico della sua adolescenza («ti scoprirono insieme, occhio di gelo») si trova il verso che abbiamo citato agli inizi di questo capitolo: «mi sento – oggi in un brivido la tua chiarezza». Il verso dà tutto il senso – diremo tutta la poesia – di *Parole*, dello stato d'animo dal quale è nato il piccolo libro felice. È un verso quasi trionfale; trionfale nella sola direzione alla quale il Nostro poteva pretendere. Una estrema limpidezza di sguardo, congiunta ad una esperienza formale consumata, ha dato le 29 brevi liriche di *Parole* e darà subito *Ultime cose*, che poco da *Parole* si diversificano, eppure non sono già piú la stessa cosa.

«*Ultime cose*» (1935-1943).

[...] Formalmente e psicologicamente, *Ultime cose* sono «parole» portate alle loro estreme conseguenze. Eppure una poesia di *Ultime cose* è diversa da una di *Parole*. Il lettore del *Canzoniere* avverte in esse come un riaccendersi di passioni sopite; per il loro accento passionale alcune lo riportano alle piú emotive della giovanezza. Ma quelle passioni sono quasi sempre dei ricordi, di una vivezza a volte estrema, ma sempre ricordi. Quando Saba incominciò a scrivere *Ultime cose* aveva 52 anni; le terminò che aveva varcata la sessantina.

Nel corso di questi otto anni egli compose, o almeno pubblicò, quarantatre poesie, e tutte molto brevi. La sua ispirazione – gli intimi motivi cioè che lo costringevano a scrivere una poesia – si intensificava da una parte e rarefaceva dall'altra. Altre cose egli avrebbe voluto scrivere e pubblicare in quelli atroci anni che vanno dalla guerra etiopica all'armistizio e all'invasione tedesca dell'Italia. Ma erano cose impossibili a pubblicarsi, pericolose perfino ad essere tenute nascoste in un cassetto. Egli le scriverà poi quelle cose, ne farà col titolo di *Scorciatoie e raccontini* le sue *Operette morali*. Scritto a Roma, nel 1945, e subito dopo la liberazione, sarà però un libro alquanto diverso da quello che sarebbe stato se Saba lo avesse scritto dieci anni prima. Meno aspro, meno tutto punte. Nel libro, quale lo si può leggere oggi, c'entra molto il senso della liberazione, la distensione dei nervi seguita ad un incubo che fu, per il Nostro, particolarmente spaventoso. Non si dimentichi che, degli anni che occorsero a Saba per scrivere *Ultime cose*, egli ne passò sette sotto la minaccia razziale. [...]

Comunque, l'Autore di *Campionessa di nuoto* (che è l'ultima poesia di *Ultime cose*; fu scritta a Trieste nei primi mesi del '43), dovrà fra poco fuggire dalla sua città, nascondersi come una povera bestia inseguita a morte. E quando la bufera sarà, bene o male, passata, egli scriverà *1944*, che segnerà, nel bene come nel male, un ripiegamento deciso verso la maniera della sua giovanezza.

«*1944*».

[...] *Teatro degli Artigianelli*, un duro macigno che il tempo ci metterà a scalfire, passò per essere una poesia volutamente comunista. Lo è per «l'ambiente» e per il verso iniziale:

Falce martello e la stella d'Italia,

emblema che il poeta vide per la prima volta (in luogo dei fasci e della croce uncinata) sulle bianche nude pareti della povera sala. In realtà Saba si commosse assistendo, dopo la lunga orribile prigionia, ad una rappresentazione popolare dentro la cornice di uno di quei teatrini suburbani sempre cari alla sua Musa, amante degli umili, «del popolo in cui muoio, onde son nato». Questa volta la sua commozione, favorita da tante circostanze, arrivò (come in *Cucina economica*), per scale già scavate nella sua anima, fino al pianto e al canto.

(A proposito del verso citato «Falce martello ecc.» diremo che quando Saba lo lesse per la prima volta ad un suo amico – il pittore Carlo Levi – questi lo avvisò che era incorso in un errore. La stella a cinque punte dipinta accanto alla falce e al martello non era, allora, la stella d'Italia, ma quella dei Sovieti, che è pure a cinque punte. Saba rimase male. Lo aveva commosso il fatto che, contrariamente a quanto accadeva al tempo della sua giovanezza, quando i socialisti [i comunisti allora non esistevano] negavano, o quasi, il concetto di patria, essi ne riconoscessero adesso l'insopprimibile realtà nel cuore dell'uomo. Rimase male, ma non modificò il verso. Quando poi il P.C.I. inserí nel suo emblema la stella d'Italia, il verso di Saba risultò, a posteriori, esatto; ebbe cioè tutto il significato che gli aveva dato il poeta quando lo scrisse).

«Varie».

[...] È il grande quadro di Bolaffio, che, altri tempi, illuminava la casa di Saba a Trieste, e del quale, un giorno, egli ha dovuto disfarsi. Lo comperava allora il poeta Montale, al quale poi venne in odio e lo cedette all'amico suo e di Saba, in casa del quale egli lo ritrova adesso «salvo – dice – al cieco disamore». [...] Ed ecco che, nell'ultima strofa della *Visita* Saba esalta il proprio destino, riconosce di aver bene spesa la propria vita. Molte cose in lui e attorno di lui sono morte; ma gli rimane la sua poesia; rimane, per lui e per gli altri, il *Canzoniere*, del quale, proprio in quel giorno egli, come un diligente scolaro, aveva «messa in bella» l'ultima pagina. La strofa canta le ragioni per le quali la sua poesia è stata quella che è, e non un'altra; la sua sincerità, la sua immediatezza, la sua coraggiosa adesione alla vita, la sua mancanza di ogni sovrapposizione letteraria (che ne fu la novità tanto meno appariscente quanto piú profonda); tutte cose queste che tante simpatie gli allontanarono, tante sciocche censure gli sono valse, ma che formano oggi il motivo del suo sopravvivere, del suo sicuro durare nel tempo: [...]. Abbiamo già detto che *La visita* è una poesia difficile. Essa fu infatti, con i piú strani pretesti, rifiutata da due riviste, e questo in un periodo nel quale le poesie di Saba erano ricercatissime. Parve, ad uno dei direttori di queste due riviste, troppo, per i suoi lettori, «oscura». Forse era invece troppo chiara. «Chiarezza» infatti avrebbe potuto essere il titolo del *Canzoniere*, se Saba avesse voluto dare alla sua opera principale un nome di intonazione o d'intenzione polemica. Sarebbe stato – si capisce – un errore. La poesia di Saba fu, dal principio, alla fine, un'azione, e non una reazione.

Prefazione ad «Uccelli».

Cari amici,

di una cosa potete essere certi: le poche poesie riunite in questo fascicolo dello *Zibaldone* [1] sono le ultime che ho scritte, e le ultime mie che leggerete me vivo. Fanno parte di una raccolta pure brevissima, che s'intitola *Epigrafe*, e che uscirà solo dopo la mia morte.

Uccelli sono un miracolo. Non intendo parlare di bellezza, o, comunque, di valore letterario (cose di cui lascio libero il lettore di giudicare secondo l'animo suo) ma del nudo fatto di aver potuto scrivere le poesie. Le ho scritte nell'estate del 1948; ed è dalla metà circa del 1947 che ho incominciato a sentirmi morire alle cose. Ero sicuro – materialmente sicuro – che non avrei scritto piú versi. Ma il male che m'impedisce ugualmente di vivere e di morire, mi concedette in quell'estate un breve periodo di tregua. La mia gratitudine si espresse in alcuni brevi apologhi, nella mesta presaga melodia di *Quest'anno...*

Uccelli sono nati anche da una circostanza occasionale. Il gerente la Libreria Antiquaria che porta ancora il mio nome, aveva comperato, poco tempo prima, un gruppetto di libri sulla caccia e gli uccelli. Pensando (poi si rivelò a torto) di aver fatto un cattivo affare, lo aveva nascosto in una cassetta, gettandovi sopra, per non vederlo, un sacco, che una punta di curiosità superstite o l'eccesso della mia noia sollevarono un giorno. E mi misi a sfogliare quei vecchi libri. Rimasi colpito – meglio sarebbe dire affascinato – da quelli che parlavano degli uccelli, della loro vita, dei loro usi e costumi. Mi parve di aver scoperto il paradiso in terra; e che, dovendo proprio nascere, il solo destino invidiabile fosse quello di nascere un uccello. Già il Leopardi disse ai suoi tempi beati (li chiamo beati solo per il confronto coi nostri) qualcosa di simile. Sentirsi leggero e volare per forza propria mi sembrò, in quell'ultimo respiro che mi dette la vita, il colmo della felicità. Mi ricordai anche di aver sorpreso (fatto quasi arrabbiare) durante la prima guerra mondiale, un aviatore, che si vantava di aver «volato» con un epigramma che gli dedicai, e che diceva:

Vai con macchina in alto, sí, ma ignoto
resta il gaudio del volo.
Non può chi va in barchetta dire: Io nuoto.

---

[1] *Uccelli* furono pubblicati la prima volta in un'edizioncina dello *Zibaldone*, di 350 esemplari.

Incominciai allora a guardare gli uccelli, quei pochi che si possono vedere e studiare abitando in città. Ed anche a ricordare, con intensità appassionata, un merlo, e qualche altro alato che tenevo, essendo fanciullo ed anche molto piú tardi, ingabbiati, o con le finestre chiuse, liberi per la stanza. Riudii anche – attraverso, ahimè! un disco – il canto del rosignuolo. Ricordi e presenze si fusero nella mia provvisoria letizia, e ne sono nate le poesie che l'amica Anita Pittoni ha voluto, quasi di forza, includere nel suo *Zibaldone*. Senza le sue cortesi insistenze non avrei mai pensato di farne un libretto a parte. Aggiungo che poche volte ho goduto nella mia lunga – troppo lunga – esistenza a scrivere delle poesie come ho goduto a scrivere queste. Fu come una festa inaspettata, e del tutto fuori stagione; fu anche – come prevedevo – una festa di breve durata. Risprofondai subito nella depressione e nello sconforto, nella certezza di non essere ormai che un peso morto sulla superficie della terra, di non aver nulla da fare o da dire in un mondo che non è piú mio, nel quale, di mio, non resistono, ad accrescere la tristezza, che pochi frammenti.

Cosí è cari amici; o almeno cosí io vedo in questo momento. Vi saluta affettuosamente il vostro

SABA

Trieste, 21 giugno 1950.

Note ad « Uccelli ».

Pettirosso. L'amicizia del pettirosso per il merlo, come il suo odio per tutti gli altri pettirossi, è nota agli ornitologi. Vedi, oltre gli antichi, Alberto Bacchi della Lega: *Caccie e costumi degli uccelli silvani*, Città di Castello 1892, pp. 197-98.

Rosignuolo. « *Un'esca – ahi, troppo irrecusabile!* » un baco da crusca. Basta, infatti, a chi voglia prendere un rosignuolo, mettere un baco da crusca bene in vista dentro una gabbia a scatto, ai piedi dell'albero sul quale l'uccello canta. Questi, fiducioso com'è per sua natura, vi entra quasi subito... Non c'è bisogno di aggiungere – almeno per i miei lettori – che si tratta di un'azione criminale, tanto piú se commessa al tempo degli amori e dei nidi.

Prefazione a «Quasi un racconto».

Cari amici,

nella «lettera aperta» premessa ad *Uccelli* (il De Robertis la chiamò «sillabata con l'anima»), vi avevo formalmente promesso che non avrei scritto piú poesie, e che quelle di *Uccelli* sarebbero state le ultime mie che avreste lette me vivo. Non è colpa mia se ho poi mancato alla promessa.

Potrei dire, a proposito di *Quasi un racconto*, le stesse parole che ho detto per *Uccelli*: che cioè anche le poesie di questa raccolta furono composte (a tre anni di distanza dalle altre) durante una breve tregua del male, e del tutto fuori di ogni mia aspettativa o speranza. Ma forse non mi si crederebbe piú. E dubito che mi crediate se aggiungo che non è stato senza un senso di rimorso e quasi di vergogna che ho mancato alla promessa. Eppure io so che è cosí. Il tono di apparente baldanza che nell'ultima poesia (*Al lettore*) può forse trarre in inganno qualcuno, non è che un tentativo di nascondere l'imbarazzo di un uomo colto in fallo.

Per questa e per altre ragioni, era mia intenzione di non rendere pubbliche queste poesie se non dopo la mia morte, assieme a poche altre di *Epigrafe*. Ma – come inevitabile – esse caddero nelle mani di quella (per me) pericolosa attivista che è mia figlia. È lei che ha fatto il resto; che aveva trovato perfino il titolo alla raccolta. Le aveva dato quello di *Amicizia*, cavandolo dal senso di distensione che, a quanto mi scriveva da Roma, appariva sulla faccia delle persone alle quali andava, mano mano, leggendo le poesie. Il titolo fu poi, per complicate ragioni, cambiato in *Quasi un racconto*. Il male (se male è) era fatto; ed io, a meno di litigare non potevo piú disfarlo… Una delle tante debolezze del mio carattere (e quella forse che ho piú amaramente pagata) fu il mio non saper dire di no, o molto difficilmente e non senza conflitto, a chi mi chiede qualcosa con affetto, credendo, a torto o a ragione, di agire per il bene mio e di altri. Posso quindi ripetere a tutti quello che dico ad uno di voi, nei due ultimi versi di *I libri*…

Puoi d'un vecchio sorridere. Puoi anche,
se piú ti piace, perdonargli.

Vi saluta affettuosamente il vostro   SABA

Trieste, 21 luglio 1951.

Note a «Quasi un racconto».

Canarino-lucherino». Mi sono sbagliato. Credevo, nella mia ignoranza, che i canarini dovessero essere interamente gialli. Apprendo invece che sono di tutti i colori. E quelle screziature che mi fecero preferire il mio agli altri esposti, ciascuno nella propria gabbia, al mercato, non erano, come pensavo, un segno d'incrocio col lucherino dell'infanzia. Quando lo seppi era troppo tardi; la prima delle *Dieci poesie per un canarino* era già nata.

Note dell'editore a «Epigrafe».

Vecchio e giovane.   Del verso 4 esiste la variante:

cose nel cuore imprimono un rimpianto.

e del verso 8:

mette la sua manina nelle tue.

Indice

Antologia del « Canzoniere »

Stampato da Elemond s. p. a., Editori Associati
presso lo Stabilimento di Martellago, Venezia

C.L. 59405

Ristampa								Anno
5	6	7	8	9	10	1997	1998	1999

Gli struzzi

Ultimi volumi pubblicati